Vol. 44, 1
2008

études
françaises

Sommaire

Engagement, désengagement : tonalités et stratégies

numéro préparé par Danielle Forget

EXERCICES DE LECTURE

Engagement, désengagement: tonalités et stratégies

PRÉSENTATION :
les modulations de l'engagement, entre adhésion et tension

DANIELLE FORGET

Donner son aval à une cause, clamer son allégeance ne se fait jamais dans l'indifférence. Une force de conviction se manifeste, de même que la tension vers un but auquel on souhaite rallier auditeurs ou lecteurs. Quant au dictionnaire, il propose une définition de l'engagement en ces mots : « Acte ou attitude de l'intellectuel, de l'artiste qui, prenant conscience de son appartenance à la société et au monde de son temps, renonce à une position de simple spectateur et met sa pensée ou son art au service d'une cause[1]. » Qu'en est-il de la littérature : est-elle un espace propice à l'engagement ? En dépit de la difficile cohabitation entre les canons littéraires et l'engagement, que les études de Sartre et de Barthes, notamment, ont abordée sous des angles particuliers, parfois contestés comme l'a fait ressortir Benoît Denis dans son ouvrage *Littérature et engagement : de Pascal à Sartre*[2], la littérature regorge de ces élans d'adhésion à une cause que les pratiques d'écriture soutiennent avec des tons et une intensité variables.

La parole engagée, si elle se retrouve dans des écrits comme dans les études historiques ou, de manière plus explicite, dans les études sociopolitiques, le pamphlet ou encore l'essai littéraire, ne se prive pas de survenir dans la fiction. Plusieurs auteurs ont mis en évidence la force d'une telle parole engagée et la contribution qu'elle pouvait apporter

---

1. Josette Rey-Debove et Alain Rey (dir.), *Le nouveau petit Robert : dictionnaire alphabétique et analogique de la langue française*, Paris, Dictionnaires le Robert, 2000, p. 857.

2. Benoît Denis, *Littérature et engagement : de Pascal à Sartre*, Paris, Seuil, coll. « Points Essais », 2000.

à la réflexion et aux débats susceptibles d'alimenter les préoccupations sociopolitiques, idéologiques et esthétiques d'une communauté culturelle. Il en va ainsi des études d'Emmanuel Bouju et de Benoît Denis qui ont traversé les courants littéraires français, faisant ressortir des aspects incontournables de cette problématique[3]. Emmanuel Bouju défend la thèse de l'exercice d'une responsabilité de l'écrivain impliqué dans l'échange littéraire. L'engagement devient une manière de penser politiquement le littéraire comme discours sous-tendu par un « modèle éthique ». L'écrivain offrirait une transcription personnelle de l'histoire, exploitant formes et agencements littéraires dans une convocation médiatisée du lecteur destinataire.

Nous nous attacherons ici au plan sémantico-pragmatique des textes afin de mieux cerner l'enjeu rhétorique de l'engagement. Celui-ci n'est pas que l'élan vers un but. La cause défendue a aussi son repoussoir : celle que l'on rejette. Le processus par lequel on décrie certaines prises de position est tout aussi concerné par l'engagement que celui par lequel on les défend. Dénier des appartenances, prendre le contrepied des affirmations proclamées comportent toujours cette tension bien sentie de la part de celui qui avance ses positions ; il engage son identité dans un discours défenseur de principes, de valeurs sur la place publique des écrits en circulation. C'est peut-être pour cette raison qu'on a tendance à associer l'engagement à un système de normes, à la défense d'une institution, ce qui élargit la simple implication individuelle, conduit au ralliement, tissant un arrière-plan collectif à l'engagement. En tout cas, celui qui s'engage accepte les contraintes de la cause à soutenir, fait preuve de cette sorte de constance indéfectible qui inscrit son adhérent dans la durée et la stabilité d'une conviction. Voilà ce qu'il en est de l'environnement sémantique auquel nous convie généralement la notion.

Toutefois, on rencontre aussi ce qu'il convient d'appeler le désengagement, une position rhétorique qui se profile dans le déplacement de l'engagement vers des moyens qui tiennent de l'esquive ou du retournement : pensons à la dérision, au paradoxe et aux autres moyens de brouiller les pistes sur la prise de position adoptée ou de remettre en question la posture même de l'écrivain. Le désengagement serait-il simple désinvolture ? Il est peut-être, plutôt, « insoumission », tel que le

---

3. Voir notamment, sous la direction d'Emmanuel Bouju, *L'engagement littéraire*, Rennes, Presses universitaires de Rennes, coll. « Interférences », 2005 ; Benoît Denis, *op. cit.*

conçoit l'écrivain Jean-Michel Espitallier qui l'intègre dans la pratique même de son écriture (voir son témoignage, *Politique du poétique*, en fin de numéro).

En résumé, c'est donc la rhétorique de l'engagement, qu'elle soustende l'affirmation d'un investissement personnel de l'auteur/énonciateur ou s'en démarque, qui retiendra notre attention, tant dans ses manifestations que ses effets. Il s'agira d'en préciser les contours et de l'illustrer au moyen des contextes littéraires qui lui sont favorables, tout en laissant une part aux postures hybrides ou mitigées — celles qui interviennent entre l'engagement et le refus d'adhésion — mais celles aussi qui déclinent les responsabilités et se mettent à l'écart, relevant ainsi du désengagement, — postures qui ne sont pas moins importantes dans le jeu de places des énonciateurs. Ces pratiques discursives se nourrissent des thèses que l'écrivain endosse et autour desquelles il souhaite rallier; il reste à voir comment l'écriture se les approprie, misant sur l'argumentatif ou l'ouverture créative, la ferveur ou le décrochage, l'allégeance ou la connivence, voire parfois la subversion.

Les auteurs ici rassemblés montrent la complexité de l'engagement littéraire par l'écriture, «en» écriture. L'engagement avec ses contrepoints, n'est pas tant un contenu étiqueté et brandi qu'une forme façonnée par une subjectivité en tension dans ce rapport au monde qu'il endosse et qui s'affirme.

Poursuivant dans la veine amorcée lors de ses travaux antérieurs, Emmanuel Bouju voit l'engagement comme «l'acte de mise en gage» (voir la note 3 de son article, p. 10). Il montre, à travers l'étude des œuvres de Thomas Bernhard, comment un regard sur l'histoire se mue en acte d'engagement de la part de l'écrivain, dont les choix narratifs exhibent une position politique assumée. En arrière-plan, Wittgenstein se profile, de même que les clefs d'interprétation d'un monde que l'écrivain dénonce. Dans son entreprise, l'écrivain n'est pas seul: il tente de convaincre le lecteur et de l'entraîner dans une mise à l'épreuve du passé, du présent et d'un avenir en ouverture: c'est ce que fait l'autre auteur étudié dans cet article, Imre Kertész. L'écriture devient alors synonyme d'endossement, mais aussi de provocation, «forme sensible de responsabilité» à partager avec le lecteur.

La violence verbale constitue une stratégie de l'échange conversationnel. Elle impose des contraintes à l'engagement, particulièrement dans un texte de fiction. Ce dernier peut-il alors se réclamer de la spontanéité propre à l'invective, un procédé caractéristique de la violence verbale? L'écriture de Réjean Ducharme tire parti de cette tension essentielle à l'engagement et en exploite la dimension spectaculaire, comme le soutient Marie-Hélène Larochelle.

Dominique Garand s'attache au renouvellement des formes narratives dans un roman, *L'attentat*, de l'écrivain algérien Yasmina Khadra. Il s'agit d'un roman engagé par excellence qui prend à partie un contexte sociopolitique actuel marqué d'intégrisme et soumis au terrorisme. Ce type d'écrit s'inscrit apparemment dans un engagement littéraire plutôt canonique ; en fait, ce dernier se révèle plus complexe et, grâce aux stratégies d'écriture, prendra des formes qui oscillent entre la prise en charge et le désengagement.

Le constat de désengagement ne s'avère jamais aussi évident qu'en présence de l'humour : elle agit comme une décharge de responsabilité dans un contexte où le sérieux serait de mise. Cependant, la fiction offre un angle de vue différent, beaucoup moins tranché, nous dit Dolorès Garcia Vivero, surtout lorsque l'accent est mis sur l'acte de s'impliquer lui-même. *Les caves du Vatican* d'André Gide opérerait, au moyen de dispositifs énonciatifs variés, une forme de retranchement face aux attentes ; toutefois, ce désengagement ne se priverait pas, ultimement, de brandir une cause.

Tout en prenant des allures de philosophe, le narrateur dans *Frontières ou tableaux d'Amérique*, de Noël Audet, s'est donné une mission en parcourant le continent. Pourtant les remous de l'écriture ne cessent de faire dévier le trajet, faisant apparaître les vertiges du désengagement et à travers lui, l'extrême et nécessaire liberté de l'écrivain qui modèle la fiction. Dans l'analyse de ce roman, je m'arrête ici au sens qui surgit au détour des manipulations narratives et du dire implicite comme manières de défier le lecteur.

La performativité à laquelle a recours l'essai met à mal la division entre théorie et pratique, réflexion et action, expérience et représentation. L'étude de Walter Moser se consacre à l'étude de ce genre et de ses procédures d'engagement et de désengagement, à travers l'œuvre d'un auteur cubain, José Lezama Lima, qui joue sur les frontières génériques. *La curiosidad barroca* soutient une position d'affirmation identitaire, insérée dans un contexte idéologique aux strates multiples. L'adaptation rhétorico-stylistique que l'auteur fait subir à l'essai n'a d'autres visées que de le mettre au service d'une revendication qu'il contribue ainsi à légitimer.

Forme et responsabilité.
Rhétorique et éthique de l'engagement littéraire contemporain

EMMANUEL BOUJU

En liant étroitement la notion d'engagement au qualificatif «littéraire», il s'agit de la penser à la suite, mais aussi à l'écart de la «littérature engagée» que Sartre a contribué à définir : la possibilité d'un usage différent de la notion se fonde en effet selon moi sur un déplacement, particulièrement sensible à l'époque contemporaine, de la logique pragmatique de l'engagement — depuis le modèle de la socialisation et la politisation de la littérature (par extériorisation de ses fins) — vers celui de l'exercice d'une responsabilité et la sollicitation d'une reconnaissance réglées strictement sur l'échange littéraire, et opérant néanmoins comme modèle éthique général. Ce faisant, je situe volontairement cette réflexion autant dans la tradition barthésienne d'une «morale de la littérature» que dans l'idée de la «littérature engagée[1]» — pour mieux évoquer la nécessité d'un réemploi du terme d'engagement à l'intérieur même d'une pensée politique du littéraire.

Dans un article antérieur[2], j'ai essayé d'illustrer cette idée à partir d'une formule, *misi me*, employée par Primo Levi dans *Si c'est un homme*, au moment où le déporté enseigne à son ami français un fragment du chant d'Ulysse de Dante : «*misi me per l'alto mare aperto*» (que

---

1. Sur cette double tradition, je renvoie à l'excellent article de Benoît Denis : «Engagement et contre-engagement. Des politiques de la littérature», dans Jean Kaempfer, Sonya Florey et Jérôme Meizoz (dir.), *Formes de l'engagement littéraire (xvᵉ-xxiᵉ siècles)*, Lausanne, Antipodes, coll. «Littérature, culture, société», 2006, p. 102-117.

2. Emmanuel Bouju, «Geste d'engagement et principe d'incertitude : le *"misi me"* de l'écrivain», dans Emmanuel Bouju (dir.), *L'engagement littéraire*, Rennes, Presses universitaires de Rennes, coll. «Interférences», 2005, p. 49-59.

l'on pourrait traduire par : «je me suis engagé sur la haute mer ouverte»).

Ce que j'ai appelé «le *misi me* de l'écrivain» symboliserait ainsi un geste d'engagement — entre promesse et pari — reconnaissable à la fois comme texte et comme acte — à l'exemple de l'entreprise générale de transcription de l'expérience historique effectuée par Primo Levi au retour des camps.

On trouve, dans cette expression, un mouvement qui rappelle à la fois l'«embarquement» pascalo-sartrien (voire camusien) et le souci particulier d'une forme de communication dont la langue garde trace[3] : le risque encouru est celui de la mise en gage, dans l'écriture, de sa propre intégrité ; et le texte «commis» (soit : écrit et publié) se donne comme «geste» au sens de «*res gesta*» : une chose qui vaut en tant que «prise sur soi», soutenue, prise en responsabilité[4]. Et de façon significative, c'est paradoxalement dans l'emploi hyper-littéraire d'une citation (la traduction et le commentaire d'une citation de Dante reprenant lui-même Homère) que Primo Levi trouve à définir le plus précisément le lieu et le sens de son embarquement immédiat, si je puis dire, dans l'histoire — annonçant ainsi un enjeu rhétorique essentiel de l'engagement contemporain.

Voilà donc ce sur quoi je voudrais continuer ici de réfléchir : l'idée d'un engagement proprement «littéraire» permet de reconnaître en littérature une articulation particulière entre modèle éthique et modèle esthétique, fondée sur l'instauration d'une autorité textuelle complexe et ambiguë — car à la fois ouverte au pari de l'imputabilité et de la réfutabilité, et assurée malgré tout par ses options formelles et rhétoriques d'exercer, discrètement et pourtant sensiblement, un pouvoir conditionnant.

Or, ce mode d'engagement se lie, à mon sens, plus particulièrement à l'ambition d'une transcription fictionnelle de l'histoire — laquelle opère souvent sur le mode d'une figuration textuelle du mouvement par lequel l'écrivain, depuis une position initialement «désengagée»,

3. Comme je le signalais dans cet article, le verbe latin *se mittere*, que reprend l'italien, a donné la racine de la «promesse» (*pro-missa*), mais aussi celle du «*compromis(s)o*» espagnol, portugais ou italien, ou encore du *commitment* anglais ; ces mots sont formés sur l'adjonction au verbe *mittere* des préfixes *cum / cum pro*, qui traduisent la protension et la communication propres au mouvement d'engagement. L'acte de mise en gage lie ainsi le présent à la sanction de l'avenir et le sujet au jugement d'autrui ; il est à la fois force inchoative et coercitive — le réfléchi du *misi me* insistant quant à lui sur l'impulsion volontaire de l'engagement personnel.

4. Qui «ouvre la sphère de l'*èthos*», pour reprendre les mots qu'emploie Giorgio Agamben dans «Notes sur le geste», *Moyens sans fins : notes sur la politique* (trad. de Daniel Loayza), Paris, Payot & Rivages, coll. «Rivages poche / Petite bibliothèque», 2002, p. 68.

vient à s'exposer au monde en assumant un jugement d'autorité sur son histoire. Et, comme je voudrais l'évoquer, cette ambition me semble connaître, depuis le dernier quart du vingtième siècle, un regain d'actualité — tout en s'accompagnant d'une posture ironique propre à notre modernité. Sans entrer dans les détails de cette gestuelle publique d'une écriture en liaison et en conflit avec le monde et son histoire[5], je me contenterai de décrire ce que j'estime être un trait saillant du roman européen de la fin du vingtième siècle sous les auspices d'un auteur-modèle, Thomas Bernhard, dont la carrière culmine dans les années 1980 avant de s'achever en 1989. Puis, j'évoquerai, pour notre actualité, l'exemple complémentaire et central d'Imre Kertész. Ces écrivains représentent, selon moi, les modèles premiers et les pôles majeurs d'un engagement contemporain de la littérature, liant le plus étroitement possible forme et responsabilité.

1. Correction du discours et contra-diction de l'histoire : Thomas Bernhard

De Thomas Bernhard, j'évoquerai simplement quelques éléments de l'œuvre romanesque, afin d'éclairer à travers eux la façon dont l'écriture contemporaine peut encore exercer une fonction de jugement politique et moral sur l'histoire qui engage l'écrivain — alors même que la logique de création dont elle relève repose d'abord sur un système de valeurs esthétiques. Thomas Bernhard est exemplaire de cette alliance progressivement et fortement réaffirmée, depuis la fin des années 1970, entre éthique et esthétique, et ce, pour une raison simple mais somme toute extraordinaire : son œuvre ne manifeste aucune solution de continuité entre l'énonciation narrative et l'entreprise politique de démolition critique de l'histoire. Au contraire, la sédimentation de l'histoire que manifeste pour Bernhard la réalité « nationale-catholique » autrichienne, cette présence arrêtée du passé qui fait l'objet de ses attaques systématiques, trouve précisément sa réplique et sa contradiction directes dans la spécificité de sa poétique romanesque.

Pour ce faire, toute l'œuvre repose (je simplifie) sur un travail *in extremis verbis* de correction systématique du discours. Travail qui est

---

5. Pour une approche d'ensemble de la question, je me permets de renvoyer à Emmanuel Bouju, *La transcription de l'histoire. Essai sur le roman européen de la fin du vingtième siècle*, Rennes, Presses universitaires de Rennes, coll. « Interférences », 2006. Cet article condense et prolonge certains éléments des chapitres 4 et 8 de l'essai.

sensible sur toute sa carrière d'écrivain, comme le traduit le passage même, dans le cours de l'œuvre romanesque, du titre de *Perturbation* (*Verstörung*) en 1967, à celui de *Corrections* (*Korrectur*) en 1975, puis à celui de *Extinction : un effondrement* (*Auslöschung : ein Zerfall*) en 1986[6]. Comme le souligne le personnage de ce dernier roman, Murau, «tout ce qui sera écrit dans cette *Extinction* sera éteint[7]» : la répétition fait de l'énonciation un processus de destruction et d'autodestruction simultanées. Or, ceci est la règle générale d'une poétique où l'utilisation narrative de la première personne recouvre une démultiplication dévastatrice des discours rapportés. C'est particulièrement sensible dans les trois derniers romans (non autobiographiques) — *Des arbres à abattre*. *Une irritation (Holzfällen : eine Erregung* [1984]), *Maîtres anciens (Alte Meister : Komödie* [1985])[8] et *Extinction :* la citation des discours hérités de l'histoire et de la culture autrichiennes, et leur appropriation ironique par la narration, soumettent toute réalité au principe d'une correction permanente de son énonciation. L'hyperbole et l'épanorthose sont généralisées et sans limites : sans terme autre que la destruction de soi et du discours, dont le suicide devient la figure narrative principale.

Cette «correction» du discours, je crois qu'elle manifeste essentiellement le glissement du «dire» au «montrer» qu'Agamben évoque dans ses «Notes sur le geste[9]» : l'écriture devient un geste où s'exhibe l'engagement de celui qui s'y inscrit tout entier au risque de s'y perdre.

Pour mieux rendre compte de cela, il me faut préciser ici que ce processus de réduction radicale dans le geste poétique s'inspire bien évidemment de Wittgenstein, dont la figure (personne et *persona*) occupe une place centrale et stratégique chez Thomas Bernhard. La philosophie de Wittgenstein, dont Bernhard dit qu'elle est «avant tout

---

6. Thomas Bernhard, *Perturbation* (trad. de Guy F. Estrangin), Paris, Gallimard, 1971/ *Verstörung*, Frankfurt am Main, Insel Verlag, 1967 ; *Corrections* (trad. de Albert Kohn), Paris, Gallimard, 1978/ *Korrektur*, Frankfurt am Main, Suhrkamp, 1975 ; *Extinction : un effondrement* (trad. de Gilberte Lambrichs), Paris, Gallimard, 1990/ *Auslöschung : ein Zerfall*, Frankfurt am Main, Suhrkamp, 1986.
7. Thomas Bernhard, *Auslöschung : ein Zerfall*, Frankfurt am Main, Suhrkamp Taschenbuch, 1996, p. 542 / *Extinction : un effondrement, op. cit.*, p. 343.
8. Thomas Bernhard, *Des arbres à abattre : une irritation* (trad. de Bernard Kreiss), Paris, Gallimard, 1987/ *Holzfällen : eine Erregung*, Frankfurt am Main, Suhrkamp, 1984 ; *Maîtres anciens : comédie* (trad. de Gilberte Lambrichs), Paris, Gallimard, 1988 / *Alte Meister : Komödie*, Frankfurt am Main, Suhrkamp, 1985.
9. Giorgio Agamben, *op. cit.*

poésie[10]», offre pour lui l'exemple de la recherche obsessionnelle d'une perfection quasi musicale du discours («mathématique-musicale» dit Bernhard: inséparablement pensée et poétique).

Mais Bernhard use aussi de ce modèle pour en dénoncer en revers l'épuisement, l'extinction inévitables: l'exil anglais du philosophe permet de fustiger l'Autriche et son incapacité à penser l'art et la philosophie de son histoire. Et si l'art et la philosophie de l'Autriche ont jamais existé (c'est le propos de la «Lettre au Dr Spiel»), ils sont comme concentrés dans le «cerveau» de Wittgenstein, dans l'articulation d'une conscience poussée à ses limites, jusqu'à la folie.

Le travail hypercritique de l'écriture bernhardienne apparaît ainsi lié au défi lancé à toute énonciation par Wittgenstein[11], lequel apparaît en creux dans *Correction* ou dans *Le neveu de Wittgenstein: une amitié* (*Wittgensteins Neffe: eine Freundschaft* [1982][12]): les personnages de Roithamer et de Paul Wittgenstein (le neveu de Ludwig) figurent les doubles complémentaires — l'un fictif et l'autre réel — d'une identité d'écrivain idéal et impossible. L'écriture devient l'équivalent de la «chambre de pensée» (*Denkkammer*) dans laquelle s'enferme Roithamer en se cloîtrant dans sa «mansarde» (*Dachkammer*) et en imaginant le Cône (cette utopie architecturale inspirée d'un projet équivalent du philosophe autrichien); ou encore elle s'inscrit dans le cercle du Steinhof, l'asile médico-psychiatrique dans lequel Paul Wittgenstein évolue, en transformant le solipsisme d'une folie d'inspiration hölderlinienne en «amitié» et en fantaisie iconoclaste (inspirée du *Neveu de Rameau*).

Wittgenstein est ainsi à la fois présent et absent de l'œuvre bernhardienne: il fonctionne comme un horizon de représentation à partir duquel le monde apparaît et se dénonce lui-même. Car comme Bernhard l'indique dans sa lettre au Dr Spiel du 2 mars 1971:

---

10. «Lettre au Docteur Spiel» du 2 mars 1971, reproduite dans Hervé Lenormand et Werner Wögerbauer (dir.), *Thomas Bernhard*, Arcane 17, coll. «L'envers du miroir», n° 1, 1987, p. 95-96.

11. Comme l'écrit Pierre Hadot: «Les propositions éthiques du *Tractatus*, comme Wittgenstein le dit lui-même, montrent un indicible, c'est-à-dire les limites de notre monde et de notre langage, ces limites qui sont, par exemple, le Je (5.632, 5.633 et 5.641), la totalité du monde, le fait du monde, la mort (6.431-6.432)» (*Wittgenstein et les limites du langage*, Paris, Vrin, 2004, p. 19).

12. Thomas Bernhard, *Le neveu de Wittgenstein: une amitié* (trad. de Jean-Claude Hémery), Paris, Gallimard, coll. «Du monde entier», 1985/ *Wittgensteins Neffe: eine Freundschaft*, Frankfurt am Main, Suhrkamp, 1982.

W. est une question à laquelle il ne peut y avoir de réponse. [...]
[...]
Ainsi je n'écris pas sur Wittgenstein, non pas parce que je ne peux pas, mais parce que je ne peux pas lui apporter de réponse, par quoi tout s'explique de soi-même[13].

Aussi Bernhard ajoute-t-il : «La question n'est pas : écrire sur Wittgenstein. La question c'est : *puis-je être* Wittgenstein, ne serait-ce qu'un instant, sans le détruire, lui (W.) ou moi (B.)[14]?»

À dire vrai, il y a bien dans l'œuvre de Bernhard une mise en fiction directe de Wittgenstein lui-même, dans une pièce de théâtre intitulée *Ritter, Dene, Voss* (1984)[15], du nom des acteurs qui l'ont jouée ; mais précisément, il s'agit là de l'«imitation» d'une voix et non d'une identification narrative — où Bernhard opère comme *Stimmenimitator* et non comme *Erzähler*.

Il existe également une nouvelle de 1982 (*Goethe stirbt*, publiée dans *Die Zeit*[16]) qui, à travers une mise en fiction anachronique de la mort de Goethe, traduit surtout celle de l'absence de Wittgenstein. C'est un étonnant récit de Goethe appelant Wittgenstein à son chevet — alors que celui-ci est déjà mort : *l'excipit* transforme le pathétique des derniers mots de Goethe («*mehr Licht*») en reconnaissance ultime d'un renoncement au discours («*mehr nicht*»). Cette clausule accorde ainsi au lecteur de reconsidérer toute la tradition littéraire-philosophique germanophone aux lumières (destructrices) du regard wittgensteinien — de ce «style de pensée» dont le Goethe bernhardien reconnaît la valeur supérieure *in fine*.

La façon dont l'ombre de Wittgenstein hante l'œuvre de Thomas Bernhard permet ainsi de mieux comprendre l'importance de cette dernière pour la littérature de son temps et son ambition d'une éthique de l'engagement littéraire fondée principalement, selon moi, sur la transcription de l'histoire. Car elle ne cesse de porter l'accent sur la difficulté et le paradoxe de cette ambition, en revenant sur la pierre d'achoppement de la littérature post-sartrienne (ou «intransitive» si l'on veut) : s'engager à faire apparaître le texte virtuel de l'histoire, c'est aussi courir le risque de ne jamais renvoyer qu'à l'élément du langage et non à celui de l'expérience ; l'avènement du texte peut très bien ne

13. «Lettre au Docteur Spiel», *loc. cit.*, p. 95.
14. *Ibid.*, p. 96.
15. Thomas Bernhard, *Ritter, Dene, Voss*, Frankfurt am Main, Suhrkamp, 1984.
16. «Goethe se meurt» (trad. de Eliane Kaufholz), dans Hervé Lenormand et Werner Wögerbauer (dir.), *op. cit.*, p. 229-239.

jamais faire surgir (ni encore moins susciter) l'événement de l'histoire. Ou pour le dire autrement : si toute écriture est répétition et correction, peut-elle encore prétendre même dire le réel ?

Or, c'est justement en portant ce risque « wittgensteinien » à ses limites et à son point de rupture que Bernhard le récuse : la perturbation / correction / extinction de l'énonciation littéraire est une stratégie rhétorique qui laisse le lecteur devant une réalité identifiée au fantôme du texte, au vide laissé par son absence. L'Autriche est visée et construite comme double fantomatique de l'œuvre, comme sa stricte contradiction. Le scepticisme à l'égard du langage se renverse en dénonciation ironique d'une histoire qui n'apparaît plus sous-jacente et préalable à l'énonciation, mais au contraire se dévoile comme contemporaine et coextensible à elle.

Le modèle de l'écriture bernhardienne joue ainsi autant comme engagement éthique dans l'histoire que comme modèle esthétique. Ou plutôt, en s'engageant tout entier dans l'entreprise de l'écriture, Bernhard incite son lecteur à exercer ce geste du jugement qui touche, par-delà l'évaluation esthétique, à la « façon de vivre » — pour reprendre une remarque que Wittgenstein énonce lui-même dans les *Leçons sur l'esthétique*. Et ce, alors même que Thomas Bernhard affecte de se désintéresser entièrement du devenir de ses œuvres, lesquelles — prétend-il — ne lui appartiennent plus lorsqu'elles sont publiées.

Je crois vraiment que ce modèle exerce son emprise sur tout le roman contemporain, qui reconnaît en lui l'alliance la plus étroite entre le déploiement d'une œuvre, son inscription dans l'histoire nationale, et sa force de redéfinition de l'histoire littéraire — comme chez Antonio Muñoz Molina en Espagne, Antonio Lobo Antunes au Portugal, Ian McEwan en Grande-Bretagne, Péter Esterházy en Hongrie et Antoine Volodine en France, par exemple.

Il contribue ainsi à définir les traits saillants d'un engagement littéraire dont je cherche ici à marquer la valeur :

- une constellation de choix thématiques et formels qui s'affiche liée à l'histoire nationale, mais qui contredit dans le même temps violemment cette histoire ;
- un conflit volontaire entre les temporalités de l'histoire visée et celles que déploient les formes romanesques au cœur de l'échange littéraire ;
- l'inscription personnelle de l'écrivain, et dans son sillage du lecteur, dans un réordonnancement du temps historique éprouvé à l'aune de la figuration fictionnelle de l'expérience.

L'exemplarité de l'écrivain autrichien tient donc aussi — à la différence par exemple de Beckett auquel on l'a souvent, et à juste titre sans doute, comparé — dans l'élément d'une confrontation directe — et maintenue jusqu'à son terme — de l'écrivain à son espace politique et linguistique originel : derrière la multiplicité des œuvres et des dispositifs fictionnels qui les régissent, apparaît ostensiblement l'affirmation d'une posture face à l'histoire qui embarque le lecteur avec l'écrivain.

Or, c'est ce violent conflit du roman avec la société et l'histoire qui contribue paradoxalement à ouvrir l'œuvre sur un lectorat libre de toute nationalité : l'écho extraordinaire qu'a rencontré la poétique bernhardienne depuis sa traduction systématique dans les années 1980 dessine l'orbe européen d'une œuvre pourtant revendiquée comme foncièrement autrichienne ; et ses héritiers les plus directs sont non seulement autrichiens ou allemands (Elfriede Jelinek, Robert Menasse, Juli Zeh), mais aussi hongrois (Imre Kertész, Peter Esterhàzy), espagnols (Javier Marías) ou encore serbes (David Albahari).

2. Dédoublement ironique et injonction éthique : Imre Kertész

C'est précisément l'œuvre de l'un de ces héritiers du modèle bernhardien, Imre Kertész, qui peut le mieux exemplifier cet engagement littéraire contemporain — où l'injonction éthique du roman n'est pas séparable de l'invention d'une forme narrative et rhétorique capable d'articuler ensemble le passé de l'histoire, le présent vécu et le temps ouvert de l'altérité. Ce défi se retrouve au cœur même de son œuvre, qui est, tout entière, interrogation sur les pouvoirs du roman — depuis l'origine d'*Être sans destin* (1975)[17], roman autofictionnel dont la sincérité immédiate bouleverse, comme chez Primo Levi ou Varlam Chalamov, les catégories morales préétablies et inadaptées à l'expérience historique.

Le moyen principal, rhétorique et éthique à la fois, dont use Kertész pour relever ce défi, c'est celui de l'ironie — conçue à la fois comme pratique du dédoublement de l'énonciation et injonction à la reconnaissance de ce dédoublement par le lecteur : une ironie amère et drôle qui évoque l'«engagement serré sur le plan des émotions» dont parle

---

17. Imre Kertész, *Sorstalanság*, Budapest, Szépirodalmi, 1975 / *Être sans destin* (trad. de Natalia et Charles Zaremba), Arles, Actes Sud, 1998. Bien que ne connaissant pas le hongrois, je me permets malgré tout d'évoquer cette œuvre importante, en la citant dans la traduction qui me l'a fait connaître.

Linda Hutcheon[18] : une ironie au fil de laquelle Kertész parcourt la double face de sa condition historique — celle qui fait de lui un *Chercheur de traces* (1998)[19] confronté au « vide dévorant » de son « secret », dont il « porte seul la responsabilité ». Car la perte, l'enfouissement sensible du passé coïncide avec sa présence constante à l'intérieur de soi, et le condamne, par fidélité à soi, à une quête de preuves susceptibles de dépasser « le leurre des choses » et « la comédie du temps qui passe ». Pour retrouver « l'intemporalité » dont il est constitué, et dont « aucune carte géographique, aucun inventaire, aussi précis et exhaustif fût-il, ne peut apporter la preuve », il doit changer de « méthode », pratiquer une archéologie intime qui passe par l'esthétique de l'expression littéraire :

> Ne plus faire parler le lieu, mais au contraire devenir la pierre de touche de ce lieu, prendre la parole. Se transformer en instrument afin que le signe eût une résonance : oui, ne pas découvrir le spectacle, mais s'ouvrir lui-même au spectacle ; ne pas amasser des preuves, mais devenir lui-même une preuve, le témoin fragile mais implacable de son douloureux triomphe[20].

La voix du chercheur de traces devient le lieu propre, dévasté et creusé, ouvert et partagé, de la transcription de l'histoire.

Ce faisant, Imre Kertész montre que l'histoire et la politique sont certes présentes comme contrainte et atteinte à la liberté du sujet, mais sont aussi produites en réplique comme événement esthétique — ainsi que l'indique une notation tirée de la première partie du *Refus* (1988) :

> Il est arrivé quelque chose à cette expérience [...] : dans l'intervalle, elle s'est transformée au fond de moi, allez savoir comment, en une conviction esthétique inébranlable[21].

Dans cette conviction esthétique, l'écriture trouve les moyens de se faire provocation ouverte, retournement ironique du « destin » imposé au sujet par l'histoire en liberté capable de le revendiquer et de le dévoiler en lui donnant forme littéraire. La clausule du premier roman, *Être*

---

18. Citée par Pierre Schoentjes dans *Poétique de l'ironie*, Paris, Seuil, coll. « Points Essais », 2001, p. 294.

19. Imre Kertész, *A nyomkereső* (extrait du recueil *Az angol lobogó*, Budapest, Holnap Kiadó, 1998) / *Le chercheur de traces* (trad. de Natalia Zaremba-Huzsvai et Charles Zaremba), Arles, Actes Sud, 2003.

20. *Ibid.*, p. 66.

21. Imre Kertész, *A kudarc*, Budapest, Szépirodalmi kiadó, 1988 / *Le refus* (trad. de Natalia Zaremba-Huzsvai et Charles Zaremba), Arles, Actes Sud, 2001, p. 39. Désormais désigné à l'aide du sigle *LR*, suivi du numéro de la page.

sans destin (dont *Le refus* raconte précisément les difficultés d'écriture et d'édition) manifeste l'acte même de cette libération — tout le reste de l'œuvre devenant comme l'épigraphie de ce geste fondateur, où le protagoniste décide de «faire quelque chose» du destin vécu, d'en faire désormais un acte libre.

Or, ce geste littéraire de dévoilement est toujours susceptible de se heurter, à son tour, à l'histoire, à un autre mur de l'histoire, à un autre totalitarisme — celui, en l'occurrence, du régime communiste. La première partie du *Refus* constitue ainsi une transcription de l'histoire au second degré, en n'étant pas seulement réflexion sur l'écriture de l'histoire, mais aussi sur l'inscription de cette écriture dans l'histoire sociale et politique de la Hongrie communiste : à travers l'avis de refus de l'éditeur et son argumentation «pseudo-humaniste» — avis mentionné d'abord en extraits au gré de la lecture du «vieux», puis repris *in extenso* avant d'être intégré au récit fictionnel du «Refus» proprement dit en seconde partie —, l'auteur se heurte à une nouvelle forme d'effacement des traces, par étouffement de l'écriture et impossibilité de son déploiement public dans la lecture.

D'où, là encore, l'exercice d'une pratique résistante : un resserrement sur soi, sur cette prison esthétique consciente de l'identité[22], mais qui passe par l'altérité de la réécriture, du commentaire ironique, de la transposition fictionnelle et de l'allégorie. *Le refus* s'élabore ainsi en textes enchâssés : le récit-titre, dont l'auteur est «le vieux» et le protagoniste «Köves», apparaît inscrit dans un ensemble plus vaste, qui fait apparaître les diverses strates de l'identification historique. L'écriture est autocitation et dédoublement ironique, mais en retour la duplicité des signes devient unicité de l'histoire — communauté finale du «nous» dans l'achèvement du roman et dans le déchiffrement de la lecture.

Comme dans le *misi me* de Primo Levi, l'expérience immédiate de l'histoire et l'expérience hyper-médiatisée de la littérature (la lecture d'un récit qui raconte et commente l'écriture d'un récit allégorique de l'expérience vécue…) viennent donc coïncider idéalement dans un acte d'appropriation que la publication doit rendre possible à chacun. Car l'écriture est comme un saut épistémologique qui ouvre le champ de l'altérité — et en accepte les risques :

---

22. «J'étais devenu le prisonnier de ces deux cent cinquante feuillets que j'avais écrits moi-même» (*LR*, 39).

Sans m'en rendre compte, j'avais pris un élan et sauté, passant d'un seul bond du personnel à l'objectif, au général. [...] Car, je le vois clairement aujourd'hui, écrire un roman signifiait écrire pour les autres, y compris ceux qui le refuseraient. (*LR, 72*) ·

Comme chez d'autres romanciers ayant dû écrire durant l'ère communiste, cette possibilité même de l'appropriation littéraire devient l'enjeu d'un conflit historique avec le régime non démocratique de la culture. Mais dans l'histoire du refus, du fiasco (*kudarc*) littéraire auquel il s'est heurté, Kertész fait, modestement mais pleinement, apparaître que l'acte de libération à l'origine de l'écriture, et dont la fin est la lecture, est un acte dont la valeur esthétique repose fondamentalement sur un jugement anti-totalitaire d'ordre éthique autant que politique :

Avant tout, il se demandera si l'éditeur a eu raison, s'il a écrit un bon ou un mauvais livre. Il se rendra bientôt compte que de son point de vue — et bien que ce point de vue soit peut-être partiel, c'est le seul d'où il puisse regarder le monde — peu importe s'il considère lui-même que son livre est juste tel qu'il pouvait être. Car — il le comprendra et ce sera sûrement une surprise pour lui — plus important encore que le roman lui-même sera ce qu'il aura vécu à travers lui, par son écriture. C'était pourtant un choix et un combat : justement le genre de combat qui lui était destiné. Une liberté confrontée à elle-même et à son destin, une force qui s'affranchit des circonstances, un attentat qui sape le nécessaire, car qu'est une œuvre, qu'est toute œuvre humaine, si ce n'est cela ?... (*LR*, 348)

Voilà la clé : la résistance à la violence de l'histoire s'arc-boute, dans l'ordre du romanesque, sur le soutien de la littérature elle-même, sur cette force affranchie des circonstances et de la nécessité qu'est l'engagement de l'écriture, et sur l'incertitude de lecture et de la réception de l'œuvre.

Or, cette résistance-là survit au totalitarisme, bien entendu, car l'histoire post-totalitaire — qu'elle soit post-communiste ou post-fasciste — ne lance pas moins de défis au roman. Le récit intitulé *Un autre : chronique d'une métamorphose* (1997)[23] — qu'appuient les témoignages récents de Kertész sur son expérience depuis l'attribution du Prix Nobel — montre bien que la démocratisation n'est pas sortie hors de l'histoire, mais plutôt redéfinition morale (et esthétique) de la position

---

23. Imre Kertész, *Valaki más : a változás krónikája*, Budapest, Magvető, 1997 / *Un autre : chronique d'une métamorphose* (trad. de Natalia Zaremba-Huzsvai et Charles Zaremba), Arles, Actes Sud, 1999. Désormais désigné à l'aide du sigle *UA*, suivi du numéro de la page. ·

du sujet[24] : l'inquiétude est maintenue, déplacée mais accentuée peut-être, sur l'identité du sujet et du langage dont il peut disposer. Il s'agit de relever le défi d'une *conditio minima* nouvelle, d'une vraie métamorphose morale :

> J'ai été sauvé de moi-même ? On m'a simplement rendu la *conditio minima*, ma liberté individuelle — la porte de la cellule où j'ai été enfermé pendant quarante ans s'est ouverte, certes en grinçant, et il se peut que cela suffise à me perturber. (*UA*, 11)

Cette «perturbation» du sujet, comme chez Bernhard, n'efface pas l'histoire, bien au contraire. L'empreinte du passé est toujours marque au présent, sensible en toute expression de soi, mais — et c'est là un ferment d'espoir — cette marque, ce signe est aussi le moyen et l'élément de l'écriture :

> Je suis l'enfant incorrigible des dictatures, ma particularité est d'être marqué. [...] Être marqué est ma maladie, mais c'est aussi l'aiguillon de ma vitalité, son dopant, c'est là que je puise mon inspiration quand, en hurlant comme si j'avais une attaque, je passe soudain de mon existence à l'expression. (*UA*, 31)

S'il peut y avoir constitution libre de l'identité, ce ne peut être que par le travail de la littérature : lecture, traduction, commentaire, autographie. «Je vais donc vous l'avouer : je n'ai qu'une seule identité, l'écriture (*Eine sich selbst schreibende Identität*)[25].» Une identité qui s'écrit (d')elle-même.

Cette forme d'engagement littéraire, dont Bernhard a ouvert la voie et dont Kertész constitue peut-être aujourd'hui l'exemple le plus achevé, trouve encore à s'illustrer dans l'un de ses romans les plus récents, *Liquidation*[26] : le titre, quasi bernhardien, reprend celui d'une pièce écrite par l'écrivain B.[27] — né à Auschwitz en 1944 —, et dit ainsi

---

24. C'est toujours l'identité du sujet qui est en cause, comme dans cette réflexion amère du narrateur : «Après leur départ, ils ont laissé derrière eux des estropiés du mauvais usage de la langue qui ont à présent un besoin urgent de secours moraux, comme si, pareils à des lambeaux de papier, les mots qui ont perdu leur sens nous montraient d'un coup leurs blessures morales. Où que je regarde, je vois cliqueter des prothèses morales, toquer des béquilles morales, rouler des fauteuils moraux. Il ne s'agit pas d'oublier une époque comme on oublie un cauchemar : car ce cauchemar, c'était *eux* ; s'ils veulent vivre, ils devraient s'oublier *eux-mêmes*» (*UA*, 13).
25. Imre Kertész, *Un autre, chronique d'une métamorphose, op. cit.*, p. 67.
26. Imre Kertész, *Felszámolás*, Budapest, Magvető, 2003 / *Liquidation* (trad. de Natalia Zaremba-Huzsvai et Charles Zaremba), Arles, Actes Sud, 2003.
27. B. est présenté comme traducteur en hongrois de Thomas Bernhard.

l'entreprise de liquidation textuelle et existentielle à laquelle est conduit B., dans le sillage d'une liquidation générale de la vie culturelle hongroise ; le roman raconte les efforts déployés vainement par l'éditeur Keserü pour retrouver, après le suicide de l'écrivain et en particulier auprès des femmes qui l'ont connu, un manuscrit autobiographique — lequel reviendrait sur l'écho qu'il aurait conservé de sa naissance paradoxale et à tous égards exceptionnelle, et constituerait ainsi un chef-d'œuvre de l'écriture des camps ; mais lequel représenterait peut-être aussi, du point de vue de B. lui-même, une aberration due simplement à « un accident industriel unique en son genre ». Le texte originel demeure absent, et c'est cette absence même, maintenue jusqu'au terme de la « liquidation », qui désigne et met en forme l'expérience réelle des quarante années vécues depuis Auschwitz, et à travers le régime de Kádár, par B.[28], avant que de conduire et de figurer celle de ses amis demeurés incrédules et désabusés face aux ambiguïtés du temps présent.

Là encore, le texte idéal de l'histoire s'avère impossible à reconstituer, et c'est précisément l'extinction de l'écriture qui place le lecteur en situation de réinventer pour lui-même et conjointement la littérature et l'histoire, hors des mythographies conventionnelles. Le principe d'une stratification textuelle dont la traversée ouvre sur le texte, virtuel et absent, de l'histoire, place le lecteur face à la nécessité de faire lui-même le saut herméneutique qui consiste à rejoindre la réalité et l'histoire depuis le lieu de la littérature. La pièce, « la comédie (la tragédie ?) » intitulée *Liquidation* est ainsi doublée d'un avertissement de l'auteur qui précise que « la réalité de l'œuvre » est « une autre œuvre » que « nous ne connaissons pas dans son intégralité », et qui est donc vague et fragmentaire comme la réalité du « monde donné »... En glissant d'une « Liquidation » à une autre (*Liquidation*), nous éprouvons par nous-mêmes l'inquiétude et l'amertume d'une réalité qui nous unit à l'écrivain.

Je vois là, dans cette architecture narrative, plusieurs des traits susceptibles de définir une rhétorique, au sens large, de l'engagement littéraire contemporain : l'enchâssement spéculaire de la réalité et de sa désignation fictionnelle, la mise en fable / mise à mort de l'écrivain

---

28. « Un homme totalement dégradé, en d'autres termes un survivant, n'est pas tragique, disait-il, mais comique, parce qu'il n'a pas de destin. C'est un paradoxe [...] qui se manifeste tout simplement chez lui, l'auteur, sous la forme d'un problème stylistique » (Imre Kertész, *Liquidation, op. cit.*, p. 25).

du passé, l'inscription autobiographique cryptée et ironique, la démystification réciproque de la littérature et de l'histoire, la figuration du lecteur en héritier (et «liquidateur») de l'œuvre inachevée.

Dans cette forme d'engagement de la littérature, la matérialité de l'expérience historique est toujours figurée comme «douleur fantôme» de l'énonciation romanesque, et l'expérience de lecture devient seule à même de déplacer l'inscription en creux de l'écrivain dans l'histoire en questionnement ouvert et partageable. Ce que montre de façon éclatante l'œuvre (tout entière) d'Imre Kertész, c'est que la problématique éthique et politique de la transcription de l'histoire se concentre dans l'épreuve formelle des moyens de la littérature : sans plus se satisfaire de l'idéal barthésien d'un «engagement manqué[29]», l'injonction à la responsabilité définit non seulement l'expérience d'écriture, mais est aussi donnée à éprouver dans le temps à la fois intime et historique de la lecture.

Conclusion

Si une rhétorique contemporaine de l'engagement littéraire existe, elle se manifeste le plus clairement, à mon sens, dans l'écriture de l'histoire, et consiste en une déictique de la responsabilité : un art de montrer les lieux où la responsabilité de l'écrivain et du lecteur s'engagent en se liant l'une à l'autre. Le geste de l'engagement, destiné à la reconnaissance par l'interprétation mais aussi au risque de la méconnaissance et de l'inefficace, passe ainsi par une figuration interne dont Benoît Denis avait déjà signalé l'importance à partir du modèle sartrien, mais dont les exemples singuliers étudiés ici accentuent la fonction pragmatique et régulatrice. Dans ces exemples, l'écrivain se retrouve engagé dans et par son œuvre comme modèle éthique destiné à une appropriation active et critique ; et le lecteur est celui qui, relevant le défi de cette appropriation, reconnaît, sanctionne et déploie le geste d'engagement du littéraire en le confrontant au monde commun.

La transcription de l'histoire s'établit comme palimpseste en devenir : la refiguration sans cesse répétée par l'écrivain du substrat référentiel manifeste en littérature l'expérience vive de la condition historique et contraint chaque lecteur à en assumer à son tour la responsabilité. La

---

29. «Pour l'écrivain, la responsabilité principale, c'est de supporter la littérature comme un engagement manqué, comme un regard moïséen sur la Terre Promise du réel» (Roland Barthes, «Écrivains et écrivants», Essais critiques, Paris, Seuil, coll. «Points Essais», 1986, p. 150).

posture sartrienne de l'implication politique se retrouve ainsi placée au cœur même de l'échange instauré par le texte avec l'expérience de lecture : la «coopération», ou la connivence sollicitée par le geste même de l'engagement littéraire n'efface pas la question d'une représentation du réel et de l'histoire, ni même d'une intervention dans l'ordre du politique et de l'universalisme éthique, mais font de cette question un problème poétique qui se pose et agit aux divers lieux de déploiement du texte.

Tout auteur engagé est ainsi comme ce *Jedermann* à la Hoffmanstahl auquel s'identifie Kertész dans *Un autre : chronique d'une métamorphose* : un être quelconque, certes, mais un sujet pour qui la transmission du littéraire est mode de contestation de la violence historique, aussi bien qu'épreuve au quotidien de son emprise. Pour persister à être, il doit comme lui «[s]'appuyer seulement sur [sa] propre et indiscutable *sensation* de responsabilité (en tant que seule expérience *sensible*)[30]». Pour lui, comme pour son lecteur appelé à prendre sa place dans la noria des identités empruntées, le roman est question de forme et de responsabilité — une forme sensible de la responsabilité.

---

30. Imre Kertész, *Un autre, chronique d'une métamorphose, op. cit.*, p. 18.

Fuites et invectives dans les romans de Réjean Ducharme

MARIE-HÉLÈNE LAROCHELLE

L'expérience de l'invective se définit comme une activité d'expulsion dont le crachat montre déjà des affects singuliers. Dire-vomi, l'invective pousse vers le dehors ce que cache le dedans, mouvements d'humeur ou opinion excessive. C'est cet élément déclencheur de l'expression violente que Didier Girard et Jonathan Pollock nomment la « fonction gargouille » parce que son expression exorcise les maux que l'intérieur ne peut contenir : « tension interne, décharge externe[1] ». Il faut que ça sorte ! La force de l'invective est donc foncièrement centrifuge. Prendre la parole (violente) c'est livrer ses humeurs, originellement les fluides intimes, l'essence de l'intériorité. La crise est donc un moment particulièrement riche qui éclaire le sujet selon un angle oblique, mais non moins révélateur que le plan de front.

Au vu de ces considérations, on comprend que s'engager dans le combat, c'est bien prendre un engagement dont il faut mesurer les conséquences avant de s'emporter. S'inscrivant dans la tradition de la parole polémique[2], l'invective, la violence verbale, est en effet une énonciation dont les exigences supposent un engagement de la part du

---

1. Didier Girard et Jonathan Pollock (dir.), *Invectives. Quand le corps reprend la parole*. Perpignan, Presses universitaires de Perpignan, coll. « Études », 2006, p. 19-20.
2. Sur l'étude spécifique de la polémique, je renvoie aux travaux de Marc Angenot, *La parole pamphlétaire*, Paris, Payot, 1982 ; Gilles Declercq, Michel Murat et Jacqueline Dangel, *La parole polémique*, Paris, Champion, 2003 ; Annette Hayward et Dominique Garand (dir.), *États du polémique*, Québec, Nota Bene, 1998 ; Dominique Garand, *La griffe du polémique. Le conflit entre les régionalistes et les exotiques*, Montréal, l'Hexagone, coll. « Essais littéraires », 1989.

locuteur en colère parce que dévoilant ses affections, le sujet se dévoile, prend position. Faut-il pour autant considérer cette parole comme une parole engagée ? C'est la question à laquelle je me propose de répondre dans le présent article afin de situer l'invective par rapport aux autres modes d'expression littéraire en voyant comment elle est représentée de façon spécifique dans la fiction. La parole pamphlétaire nous servira ici de comparant, puisqu'il s'agit du premier lieu où s'engage la parole violente :

> Peut-être n'y sent-on qu'une différence d'intensité, le pamphlet serait de la polémique particulièrement violente, « explosive ». Le polémiste établit sa position, réfute l'adversaire, marque les divergences en cherchant un terrain commun d'où il puisse déployer ses thèses. L'invective, s'il y en a, est subordonnée à la persuasion[3].

Mû par un « sentiment viscéral[4] », le pamphlétaire crée un discours intense. Et en ce sens, le fictionnel ne présente pas une intensité différente de celle du pamphlet, les codes émotifs passant aisément d'un genre à l'autre. L'inventiveur mis en scène dans la fiction se reconnaît dans la rhétorique de l'excès investie par le pamphlétaire. Leurs discours cependant ne se déploient pas de la même façon, puisque la parole fictionnelle n'est pas naturalisée, c'est-à-dire que la voix énonciative n'est pas unique et univoque, ce qui a des conséquences sur l'engagement du discours agonistique. La parole, polyphonique dans le contexte fictionnel, multiplie les actants de l'échange de sorte que l'acte d'énonciation fictionnel s'accompagne autant d'absences que de dédoublements matriciels. En somme, l'invective est dans la fiction en « liberté conditionnelle ». La prise de position n'est, certes, pas toujours réfléchie, mais si spontanée que soit l'explosion colérique, on attend de l'auteur d'invectives qu'il assume ses paroles.

Il est pourtant possible de déroger à ces conditions (de détention ?) en insultant à voix basse, en se cachant pour crier des bêtises ou en s'enfuyant après les avoir proférées. Lâches ou stratèges ? Qu'en est-il de ces locuteurs indisciplinés qui refusent de se conformer aux exigences de la querelle en bonne et due forme ? C'est à Réjean Ducharme que j'ai choisi de poser la question. Celui qui a su faire de la fuite son image de marque mérite d'être mis à l'épreuve. Dans les situations de conflit

---

3. Marc Angenot, *op. cit.*, p. 20-21.
4. *Ibid.*, p. 79.

qu'il met en scène, l'auteur se dévoile-t-il ? Sinon, par quels détours parvient-il à éviter d'engager son discours violent ?

Il faut comprendre qu'il ne s'agira pas ici d'approfondir le rapport qu'entretiennent les romans de Ducharme avec la politique québécoise[5]. L'exemple de Ducharme servira plutôt à démontrer quelles sont les limites de l'engagement en régime fictionnel en regard d'une situation d'énonciation extrême, celle de la violence verbale. Je souhaite d'abord interpréter l'organisation de son écriture afin de déterminer comment le texte de fiction modifie les exigences de l'échange violent. J'analyserai donc l'écriture de Ducharme selon ses états les plus tendus afin de voir quelles directions prend le discours violent.

Entendons-nous d'abord à définir ce discours. L'invective est souvent présentée comme un acte *performatif* qui implique un *pathos* ou un *ethos* agressifs[6]. Autrement dit, une invective est une parole intentionnellement agressive ou une parole entendue comme une agression. Filant la métaphore guerrière, on présente les mots comme de véritables *mots-objets*, des projectiles aussi efficaces que les armes. Pour ma part, m'intéressant à la violence verbale dans le contexte particulier de la fiction, je la définis d'abord comme le lieu d'un événement, comportant une phase explosive dont le déroulement même représente l'action. Son dire est tout entier au service de l'événement agressif — comme l'est le coup de poing ou le tir de revolver — de sorte que la décharge produit *l'événement invective*. Aussi, l'envisageai-je comme une performance (selon la définition qu'en donne également l'art contemporain) parce que sa production est une force qui fait de l'ostentatoire une dynamique d'élocution et de réception. Je souhaite ainsi respecter davantage les qualités *spectaculaires* de la violence dans le littéraire.

1) Les sujets chauds

Il est des sujets qui fâchent. Ceux là, la bienséance exige qu'on évite de les aborder sauf en cas d'absolue nécessité. Pendant un dîner par

---

5. Sur ces questions, je réfère plutôt aux travaux de Marilyn Randall, *Le contexte littéraire : lecture pragmatique de Hubert Aquin et de Réjean Ducharme*, Longueuil, Le Préambule, 1990 ; Lise Gauvin, *Langagement. L'écrivain et la langue au Québec*, Montréal, Boréal, 2000 et Gilles McMillan, *L'ode et le désode. Essai de sociocritique sur* Les enfantômes *de Réjean Ducharme*, Montréal, L'Hexagone, coll. «Essais littéraires», 1995.
6. Dominique Garand, «La fonction de l'*éthos* dans la formation du discours conflictuel», dans Marie-Hélène Larochelle (dir.), *Invectives et violences verbales dans le discours littéraire*, Québec, Presses de l'Université Laval, 2007, p. 3-19 et Évelyne Larguèche, *L'effet injure. De la pragmatique à la psychanalyse*, Paris, PUF, 1983.

exemple, on ne doit pas parler argent, politique, religion ou sexe puisque cela déclenchera à tout coup un débat qui gâchera le repas. On parle donc de la pluie et du beau temps. Réjean Ducharme n'a rien contre ce genre de babillages, étant lui-même sensible aux gargarismes («écumes» abjectes) de la littérature comme aux «fleurs de rhétorique[7]», il se plaît à explorer l'expansion et l'ennui : «je pourrais continuer ainsi pendant deux cents pages» (NV, 54), se vante le sujet ducharmien[8]. Ce penchant pour le babil n'empêche pourtant pas ce mauvais garçon de la littérature québécoise d'aborder les sujets chauds, mais il le fait comme on aborde une femme dans la rue : c'est-à-dire que l'adresse est vite insultante ! Selon Micheline Cambron, «Ducharme n'a esquivé aucun des sujets polémiques de l'époque : la drogue, le Parti québécois, l'Art, "le p'tit Québécois de la base", la révolution sexuelle[9]». Il est vrai que les romans de Ducharme se situent majoritairement dans la conjoncture des années soixante et soixante-dix, soit lorsque la Révolution tranquille tire à sa fin. Pendant cette période, l'«absence du maître», pour reprendre l'expression de Michel Biron[10], est souvent comblée dans la littérature par l'objet politique qui offre à l'auteur la possibilité d'une prise de position. Le statut revendiqué par les romans de Ducharme est de ce point de vue éclairant quant au projet d'écriture : Le nez qui voque s'annonçant comme une «chronique» (NV, 12) et Les enfantômes comme des «Mémoires[11]». Dans la province du «Je me souviens[12]», les personnages luttent contre l'amnésie générale, ânonnent des «je m'en souviens très bien» (E, 9) comme un leitmotiv ironique. Et les romans de Ducharme ne se gênent pas pour traiter de l'actualité de la Révolution tranquille. Mais de quoi la traitent-ils exactement ? De «chauvinistes masochistes» (E, 210), de

7. Réjean Ducharme, Le nez qui voque, Paris, Gallimard, coll. «Folio», 1993 [1967], p. 12. Dorénavant désigné à l'aide des lettres NV, suivies du numéro de la page.
8. Je choisis cette formule afin de laisser un certain flou autour de la personne de l'énonciateur dans le texte ducharmien. Je pense qu'en ce qui concerne l'engagement de la parole violente, il faut penser que se mêlent les voix du narrateur, instance fictionnalisée chez Ducharme, du personnage, mais aussi de l'auteur, ou plutôt de l'auteur doublement fictif que projette l'œuvre et que construisent la critique et la rumeur.
9. Micheline Cambron, Une société, un récit. Discours culturel au Québec (1967-1976), Montréal, L'Hexagone, coll. «Essais littéraires», 1989, p. 161.
10. Michel Biron, L'absence du maître. Saint-Denis Garneau, Ferron, Ducharme, Montréal, Presses de l'Université de Montréal, coll. «Socius», 2000.
11. Réjean Ducharme, Les enfantômes, Paris, Gallimard, 1991 [1976], p. 285. Dorénavant désigné à l'aide de la lettre E, suivie du numéro de la page.
12. «Je me souviens», devise de la province de Québec, dont, ironiquement, l'origine a été perdue.

« cocus crottés contents » (*E*, 210), de « bande de gueuleurs, de quêteurs de baveurs de slogans, de chieurs de pancartes[13] », de « con élitiste fédéraste dégoûtant[14] », d'« engagés enragés », (*HF*, 107), de « con d'idéaliste » (*HF*, 30), d'« intellectuelle de gauche » (*HF*, 30) ! En colère, le sujet ducharmien laisse son babil dériver vers des matières exigeantes, mais les modalités entourant le discours violent *déclinent* toute forme d'engagement, étant entendu que cela amène à les refuser et à les étoiler à la fois. Mais voyons plutôt.

> Se libérer ? Oui, comment donc ! Mais pas sans le joug protecteur des Squeezeleft, Pushpull, Coldsucker, pas kession ! Quel esprit de clocher penché, de bateliers du Golgotha ! Quels chauvinistes masochistes ! Ils m'ont fait brûler ce que j'aimais : eux. Je n'ai jamais pardonné cet échec à cette bande de cocus crottés contents. Aujourd'hui encore j'ai le moins affaire à eux que je peux. (*E*, 210)

Les récriminations de Vincent, narrateur des *Enfantômes*, contre la politique québécoise sont surdéterminées par le travail poétique de la langue[15]. Les politiciens sont d'abord affublés de pseudonymes évocateurs. Selon une pratique reconnue[16], le surnom est motivé : on comprend avec les « noms-valises » « Squeezeleft », « Pushpull » et « Coldsucker » que le personnage considère que la politique au Québec, incitative et racoleuse, est toujours sous la domination du Canada anglais.

---

13. Réjean Ducharme, *La fille de Christophe Colomb*, Paris, Gallimard, 1969, p. 196. Dorénavant désigné à l'aide des lettres *FCC*, suivies du numéro de la page.

14. Réjean Ducharme, *L'hiver de force*, Paris, Gallimard, coll. « Folio », 1997 [1973], p. 221. Dorénavant désigné à l'aide des lettres *HF*, suivies du numéro de la page.

15. Selon Gilles McMillan, ce roman « [...] montre une constante à fictionnaliser ce qui, en s'énonçant dans le discours, cherche à gagner l'adhésion de l'autre par une rhétorique pathétique et édifiante, à instituer le sujet en acteur d'un récit mobilisateur à son insu ou à le conduire là où il ne voulait justement pas aller. [...] Le roman de Ducharme fictionnalise les mécanismes de l'idéologie autant qu'il met en scène, par la parodie ou le pastiche, tel ou tel fragment de la rumeur publique, tel lieu commun de la psychanalyse, de la question nationale [...] ». Nous verrons qu'en effet, l'énonciation violente repose sur un mouvement qui attire et congédie à la fois le destinataire selon une manipulation qui, souvent, « le condui[t] là où il ne voulait justement pas aller ». Gilles McMillan, *op. cit.*, p. 17.

16. Diane Pavlovic a montré que dans les romans de Ducharme, « [l]e nom s'incorpore toujours une ébauche de description. Symboliquement, la prononciation du nom crée effectivement la chose. Le nom est inhérent à sa forme, au son qu'il produit ». Diane Pavlovic, « Ducharme et l'autre versant du réel : Onomastique d'une équivoque », *Esprit créateur*, vol. 23, n° 3, 1983, p. 78. Et Lucie Hotte-Pilon affirme que « [...] le nom est l'ensemble des descriptions identifiantes : il contient d'emblée tous les sèmes puisqu'il fait advenir le personnage, il le nomme, il lui assigne sa fonction et tous les traits pertinents à son rôle au sein du texte ». Lucie Hotte-Pilon, « Le jeu des noms dans l'œuvre romanesque de Réjean Ducharme », *Voix et images*, vol. XVIII, n° 1 (52), automne 1992, p. 113.

La tonalité agressive de la séquence est mise en scène par une ponctuation exclamative et une syntaxe lacunaire qui produisent une vitesse d'énonciation heurtée. Cette rythmique repose également sur les effets sonores : la rime (chauvinistes masochistes) confond les appartenances pour dénoncer l'équivalence des engagements et l'allitération de la consonne sourde [k] («kession», «Quels», «Quel», «cocus crottés contents») fait résonner le texte pour montrer l'effet du rabâchage politique. Amené à brûler ses idoles, le personnage marque sa différence par son éloquence, laissant ainsi entendre qu'il a choisi son camp : le poétique plutôt que le politique. L'invective en ce sens est donc entendue comme un dire d'opinion et comme le vecteur (*vectum*) d'une créativité verbale.

2) L'incarnation

La subordination est cependant momentanée chez Ducharme, car elle suppose toujours un exutoire :

> Dieu, dans quel trou m'avez-vous mis?
> Dieu, dans quel désordre m'avez-vous mis?
> Dieu, n'y a-t-il ici que des capitalistes
> Et des communistes?
> Dieu, tu m'as mis dans une bande de gueuleurs, de quêteurs
> De baveurs de slogans, de chieurs de pancartes! (*FCC*, 196)

L'énonciateur de ce discours est le personnage de l'auteur, incarné lors des digressions dans *La fille de Christophe Colomb*. L'adresse parodie la parole christique, mais elle conserve le vouvoiement respectueux de la prière. Par un effet autoreprésentatif, la parole romanesque exhibe sa condition : la Sainte-Trinité ici, ce sont Ducharme (le Saint-Esprit), le narrateur (le Père) et le personnage de l'auteur (le fils). Cette incarnation s'avère une stratégie qui permet à Ducharme de haranguer sous le couvert d'une instance supérieure, et ainsi toujours plus insaisissable, offerte par les qualités de la fiction. Ici, entrent en collision le discours religieux et le discours politique, et de ce heurt résulte une double prise de position. Au nom du Père, du fils et du Saint-Esprit, il apparaît que les nouvelles valeurs de la Révolution tranquille ne valent guère mieux que les traditionnelles, puisque la politique est menée par «une bande de gueuleurs, de quêteurs / De baveurs de slogans, de chieurs de pancartes». Représentés en publicitaires, les politiciens sacrifient aux beaux discours les tâches pour lesquelles ils sont mandatés. Toutefois, le discours se prend ici à son propre piège puisque la parole violente se laisse elle-même tenter par les formules chocs : « bande de gueuleurs », « baveurs de slogans » ou « chieurs de pancartes ». Proches du slogan, ces étiquettes figurent la parole du révolutionnaire, elles inventent de nouveaux amalgames insultants dont la rhétorique n'est pas étrangère à celle du discours publicitaire ou révolutionnaire (la confusion étant admise ici), pour rendre la trajectoire de l'invective dangereusement circulaire.

Dans le même esprit de circularité, Ducharme recycle également les calembours politiques qui circulent à l'époque. Ainsi, dans *L'hiver de force*, le fédéraliste est « fédéraste » : « Autant que ma mère est cool autant que mon père est con. Con élitiste fédéraste dégoûtant » (*HF*, 221). C'est Catherine, dite La Toune — l'idole des deux héros — qui s'approprie l'expression usée confirmant ainsi sa personnalité influençable, représentative de la société révolutionnaire caricaturée. Le lieu commun est un autre espace de fuite pour celui qui se rallie à l'opinion publique. Et, inspiré par le « fédéraste », sujet politique pervers et redoutable, Ducharme extrapole le lien entre le sexuel et le politique dans *Les enfantômes* :

> Les trottoirs étaient bondés de patriotes qui sexytaient en attendant le défilé (la parade, pour dire comme eux). Ils s'attroupaient en vagues qui ne déferlaient jamais du côté qu'on s'attendait (sans chefs ni haut-parleurs, ils se sentaient perdus, incapables de former des projets d'aucune sorte). Ça dégringolait sur Fériée et ça la frappait si fort que le coup qu'elle me donnait en retombant sur moi (un coup d'elle) me brisait. (*E*, 117)

La caricature montre que « parad[ant] » comme des clowns, « attroup[és] » comme des moutons ou « déferlant » comme des nuées d'insectes ravageurs, les politisés sont un groupe risible mais dangereux aux yeux de Vincent. Les nationalistes sont pour lui des enfants perdus sans leur hochet-haut-parleur, sans chef pour les materner, qui néanmoins dans leur égarement peuvent « frapp[er] fort » avec ce puéril instrument. L'excitation que procure la fête nationale lui semble également masturbatoire, aussi le plaisir de la bonne cause apparaît-il essentiellement égoïste dans ce discours violent. L'opinion est dévoilée, mais c'est sur les personnages que cela « retomb[e] » ! Et particulièrement sur André, narrateur de *L'hiver de force*, qui comprend à ses dépens que la politique est une appartenance risquée, une voie glissante : « La politique, on trouvait ça cheap and heavy, grazévisqueux » (*HF*, 198), affirme André. Le mot-valise « grazévisqueux » laisse entendre que la politique fusionnelle du Québec englue, que l'engagé s'y enfonce et s'y retrouve rapidement pris au piège. En effet, l'appartenance, et même la non-appartenance politique, peuvent devenir des armes qui se retournent contre l'individu :

> Mais quand c'est arrivé, quand je l'ai lu, le fameux *P. Q. mon Q*, la pression était trop grande, j'ai perdu mon jugement, je suis parti au galop sur une piste complètement fausse. Je trouvais sympathique que ces engagés enragés se moquent grivoisement de leur apostolat, et j'ai vu l'occasion de désarmer mes trop fortes tendances réactionnaires... – Province de Québec mon cul ! Ah c'est bon ! Ah je suis bien d'accord ! Ah qu'ils ne l'ont pas trouvé drôle ! Ah quel froid ça a jeté ! Ils ont observé une minute de silence, comme après la mort du président Kennedy. Seule Nicole avait compris que je n'avais pas fait exprès de confondre *Province de Québec* et *Parti québécois*. (*HF*, 107)

Est résumé ici, un certain investissement du politique chez Ducharme. L'erreur d'André, confondant *Province de Québec* et *Parti québécois* dans l'abréviation *P. Q.*, est reçue comme une injure par les « engagés enragés », puisque le nom illégitime est compris comme un affront. Cette anecdote montre que la politique crée son propre jargon, son langage d'initiés, qu'il faut savoir maîtriser, au risque d'énoncer des infamies. *L'hiver de force* met en scène le discours commun de la société québécoise de la Révolution tranquille et montre les risques que comporte l'indépendance de pensée. Ducharme, comme André, se rit des appartenances, « se moqu[e] grivoisement de leur apostolat », et il se met ainsi en marge de l'espace québécois vu comme un lieu d'appartenance clos.

3) L'outrage

Ducharme met en scène l'idéologie et le discours commun nationalistes selon des modes parodiques à la limite de l'outrage. Le défilé des patriotes ou le froid jeté par André ne respectent pas les conditions pragmatiques de l'invective : aucune altercation n'est ici rapportée. Pourtant, les impressions de Vincent et d'André sont incontestablement insultantes pour qui se reconnaît « engag[é] enrag[é] » ou « patrillot[e] », pour reprendre l'orthographe de Vincent qui « associe le sentiment national aux papillotes et à la guillotine[17] », précise Élisabeth Nardout-

---

17. Élisabeth Nardout-Lafarge, *Réjean Ducharme. Une poétique du débris*, Montréal, Fides, coll. « Nouvelles études québécoises », 2001, p. 25.

Lafarge. Et ces passages rendent cohérentes des violences repérées dans des situations plus proprement conflictuelles :

> – C'est un autre con d'idéaliste. Un coup de main, dans son vocabulaire, c'est Che Guevara qui perd goutte à goutte dans un vieux labo le reste de la vie, qu'il a donnée à la Bolivie. Moins que ça, ça vaut pas le cul, c'est pire que rien, c'est dégueulasse. (*HF*, 80)

> Claude Gervais s'est inscrit le même jour que Laïnou et nous aux Beaux-Arts. En classe, on s'assoyait ensemble ; on s'entendait bien. Il a abandonné après quelques mois ; il trouvait les profs trop cons, les cours trop dégueulasses, comme il y en a tant. Il passe pour le premier contestataire de la deuxième vague de contestation artistique québécoise, la première vague remontant au Manifeste global des Automartyrs [Note. Automatistes] (on s'est assez fait rebattre les oreilles avec leurs histoires pour avoir le privilège de déformer leur nom). (*HF*, 182-183)

> Chipie ! Intellectuelle de gauche ! Poufiasse ! Bûcheronne ! Avionne ! Toune ! Reine des Tounes ! (*HF*, 30)

Adeptes du Che ou de Borduas, politiques ou intellectuels, tous se trouvent démobilisés dans le discours ducharmien, chacun apparaissant plus ou moins comme un « autre con d'idéaliste ». « Intellectuelle de gauche » devient un titre péjoratif selon le même parti pris pouvant caricaturer les signataires du Refus global en « Automartyrs ». Niveler les différences et créer de curieuses équivalences permet à l'auteur d'esquiver toute position politique, selon une morale de la table rase, dont le geste de révolte ne propose pas de valeur de remplacement. Les engagements sociaux, tous autant qu'ils sont, apparaissent comme des lubies, passagères et changeantes, de sorte que toutes les convictions viennent à s'équivaloir ; ce que le discours donne même à entendre selon une allitération de la consonne voisée [v] : « [...] pendant que les bavasseux bavassent les vivants vivent la vie que les bavasseux leur ont bavassée en attendant qu'ils leur en bavassent une autre : communiste, fasciste, nudiste... » (*HF*, 199). Motivée par les signifiants, la proposition vrombissante fait entendre le babil pour rendre cohérent le signifié. Selon une argumentation de la « preuve par l'exemple », la politique est appréhendée comme un boniment.

Ainsi, avec André qui se définit *contre* :

> Nous disons du mal des bons livres, lus pas lus, des bons films, vus pas vus, des bonnes idées, des bons petits travailleurs et de leurs beaux grands sauveurs (ils les sauvent en mettant tout le monde, excepté eux et leurs petits amis, aux travaux forcés), de tous les hippies, artistes, journalistes, taoïstes, nudistes, de *tous ceux qui nous aiment* (comme faisant partie du gros tas de

braves petits crottés qui forment l'humanité), qui savent où est notre bien (parce qu'ils sont intelligents eux), qui veulent absolument qui nous quittions l'angoisse de nos chaises pour nous embarquer dans leur jumbo-bateau garanti tout confort jusqu'à la prochaine vague. *(HF*, 15)

Avec lui, les personnages ducharmiens, d'une même voix, «dis[ent] du mal» de tout et de tous, fusillent tous les clans, n'hésitant pas à «se tirer dans le pied», de sorte qu'il est difficile de se faire une idée arrêtée de la politique défendue. Dans l'aveu d'André, la syntaxe produit une polyphonie où, de concert, *s'entendent* l'auteur, le personnage et le lecteur, la voix du «nous» composant une harmonie qui produit l'effet d'un accord. Nous sommes tout à fait d'accord avec Renée Leduc-Park, lorsqu'elle observe que : .

[...] le sujet du discours ne s'attaque pas seulement à l'ordre déjà établi, mais, par un revirement de son entreprise de dévalorisation des systèmes, il pousse le nihilisme jusqu'à démolir les organismes et mouvements qui sont eux-mêmes contestataires des institutions traditionnelles. [...] L'esprit révolutionnaire n'échappe pas non plus à la caricature[18].

Par une ruse stratégique, le discours de Ducharme s'oppose aux opposants, puisqu'il s'attaque autant aux systèmes traditionnels qu'aux systèmes protestataires défendus par la littérature de la modernité québécoise. Cette «rouerie» établit un rapport antagonique avec la littérature moderne et nationaliste. De fait, tout porte à croire[19] que Ducharme appartient à cette communauté intellectuelle de la gauche québécoise qu'il se plaît à agacer. Mais, observer une rhétorique du *conflit d'intérêts* représente une sorte de parti pris pour l'écriture ducharmienne. Je rappelle cette propagande agressive du *Nez qui voque* :

Allons faire un stage à la Sorbonne. Fréquentons les désuniversités françaises et ayons honte de n'avoir fréquenté que la désuniversité de Montréal. Cachons-nous, si nous n'avons fréquenté qu'une école technique. Laissons-nous pousser la barbe et ne la rasons pas. Car ils croiront que nous sommes des désintellectuels quand nous passerons sur le trottoir comme des péripatéticiennes. *(NV*, 34)

---

18. Renée Leduc-Park, «*La fille de Christophe Colomb*: la rouerie et les rouages du texte», *Voix et images*, vol. V, n° 2 (14), hiver 1980, p. 324.
19. Je pense aux amitiés que Ducharme aurait entretenues avec des personnalités publiques comme Robert Charlebois, Pauline Julien, Marie-Claire Blais, Francis Mankiewicz et Jean-Pierre Ronfard, dont les convictions politiques sont incontestablement nationalistes.

Le cliché de l'intellectuel québécois *mitraille* (aussi au sens photographique[20] du terme) l'auteur, selon une raillerie qui participe aussi de l'autodérision. Et il faut voir que l'invective dresse aussi le portrait d'un certain lecteur de Ducharme. Capable d'apprécier les jeux de mots et les effets de caricature du style ducharmien, le lecteur intellectuel est invectivé dans ses propres registres, d'où la perversité de l'attaque, qui séduit le destinataire tout en l'anéantissant. Rejetant ce qu'il désire le plus, le sujet ducharmien observe une morale sévère, qu'éclaire cet apprentissage de Bérénice : «J'apprends à dédaigner ce qui d'abord me plaît. Je m'exerce à rechercher ce qui d'abord me porte à chercher ailleurs[21].»

Conclusion : L(e r)avalement

Le politique est un sujet envahissant auquel il est difficile d'échapper au Québec, la vie «sauciale» (*E*, 143) exigeant qu'on se mouille. Pourtant, la position de Ducharme est constamment esquivée, modalisée en des discours oxymoriques, métaphorisés en divers jeux de renvois et de miroirs.

Le sujet politique se prête bien à la lutte verbale, il s'agit de penser à sa représentation dans le genre pamphlétaire et dans les formes imprimées de la propagande. L'invective a cependant, en ces lieux, ses propres règles et ses propres exigences, la première étant de s'engager. Chez Ducharme, les règles ne tiennent plus : non seulement il refuse de se taire, mais ce faisant, il s'engage dans le débat sans dévoiler ses convictions. En effet, il *charge* les sujets polémiques de la Révolution tranquille (étant entendu qu'il les prend d'assaut et les gonfle jusqu'à la caricature), mais il refuse farouchement de prendre position face à ces discours. Défiant à la fois les codes de la bienséance et ceux du discours engagé, il revendique une position risquée et expose son discours à toutes les controverses.

L'*esquive* après l'invective est peut-être le mouvement le plus outrageant de la logique pragmatique de Ducharme. Et, sur ce point, l'objet politique est révélateur. Vu l'injonction de l'engagement dans cet espace de la parole, le parti pris de la fuite reporte sur l'interlocuteur-lecteur le devoir d'interpréter la violence. Le rire joue alors un rôle

---

20. N'est-ce pas là le meilleur cliché de Ducharme ?
21. Réjean Ducharme, *L'avalée des avalés*, Paris, Gallimard, coll. «Folio», 2000 [1966], p. 42. Dorénavant désigné à l'aide des lettres *AA*, suivies du numéro de la page.

primordial : «Riez! Riez!» (*FCC*, 102), ordonne l'auteur. L'humour apparaît comme un facteur de conciliation, un espace de partage ; il gagne la confiance des lecteurs qu'il réunit en une communauté complice, comme le rire de Constance Chlore qui est communicatif : «Son rire, chuintement rapide et saccadé, me contamine. Son rire, sifflement de marmotte, prend mon rire par la main et l'emporte dans sa folle course» (*AA*, 201). Le régime de l'équivoque mesure cette complicité, puisqu'il laisse au lecteur le soin de se prononcer sur le statut du discours, et de décider (à sa guise) la nature du propos. L'invective établit autour du motif politique une rencontre pragmatique fusionnelle selon laquelle le lecteur est sommé de se placer aux côtés (variables) du révolté, auquel cas il se constitue ennemi. La violence est donc intimement liée à une demande de connivence chez Ducharme. Et ironiquement, la stratégie de séduction ne paraît pas ici très différente de celle du politicien.

Il y a incontestablement un ras le bol, un trop plein, chez Ducharme, mais la nausée n'est pas exprimée jusqu'au bout. L'expulsion n'advient pas puisque le dire-vomi est ravalé. C'est le reflux qui constitue donc le premier vecteur de l'engagement de cette écriture violente dont la force s'avère centripète contrairement aux attentes de l'invective. Cela dit, il faut se rappeler que chez Ducharme on «renifle comme une gifle[22]».

22. Réjean Ducharme, *L'océantume*, Paris, Gallimard, coll. «Folio», 1999 [1968], p. 177.

Que peut la fiction?
Yasmina Khadra, le terrorisme et le conflit israélo-palestinien

DOMINIQUE GARAND

Héritier, de son propre aveu, d'Albert Camus et de Kateb Yacine, l'écrivain algérien Yasmina Khadra est l'auteur d'une œuvre manifestement traversée par des préoccupations morales, sociales et idéologiques. Pas plus que de ses maîtres, toutefois, on ne saurait faire de lui un militant inféodé à une Cause en particulier : devant les impératifs imposés par les systèmes conflictuels binaires, Khadra prônerait plutôt le *dégagement*, notion qui traduit mieux sa posture que celle du *désengagement*, fût-il critique. Mais être «dégagé» ne signifie pas se déresponsabiliser ou tourner le dos à la perspective du choix. Il s'agit au contraire de savoir faire face aux questions troublantes qui minent les collectivités sans se laisser complètement absorber par les pouvoirs qui en proposeraient la résolution sous forme autoritaire et sacrificielle. Le refus du sacrificiel est une forme d'engagement dont il faut pouvoir retracer les modalités. Il implique d'abord la compréhension des mécanismes conduisant au sacrifice, donc un moment d'absorption au cœur de cette logique — ce mouvement est celui par lequel le sujet de la fiction se déclare «embarqué» (pour reprendre le terme de Pascal que réactualisera Sartre), c'est-à-dire pleinement concerné par ce qui se passe et, pour tout dire, impliqué, responsable. Dans un deuxième temps seulement apparaît le geste de se dégager et d'énoncer le refus de l'injonction sacrificielle. Ce moment éthique est beaucoup plus hasardeux en ce qu'il peut rater, faute d'être complet ou suffisamment radical. Deux questions se poseront alors : au nom de quoi s'accomplit la sortie? Ensuite, de quelle manière ou à l'aide de quelles ressources discursives?

On comprendra dès lors à quel point s'impose ici une pensée du littéraire et, plus particulièrement, de l'espace cognitif que l'énonciation et la représentation fictionnelles sont aptes à construire.

Khadra engagé

Théoriquement, l'engagement d'un écrivain peut se manifester sur deux plans : celui de l'écrivain en tant que citoyen, à travers des essais, des articles publiés dans les journaux, des interventions ; celui de l'écrivain en tant qu'écrivain, ce qui nous situe dans un espace contingent, mais doté de ses règles propres, celles du littéraire — règles sujettes, comme on le sait, à redéfinitions constantes et à interprétations divergentes selon les contextes culturels. Une fois posée cette distinction, il convient de souligner l'une des particularités de la littérature engagée (qu'elle soit déclarée ou simplement perçue comme telle), particularité qui consiste en une forme de juxtaposition des deux plans, la frontière devenant floue entre le littéraire et le non-littéraire. Dès lors, on peut se demander si c'est bien le texte littéraire qui est « engagé » ou si ce ne serait pas plutôt l'auteur qui, multipliant les modes d'intervention, se montrerait engagé *jusque dans ses productions littéraires*. On perçoit d'emblée l'ampleur des questions théoriques (sur le statut de l'auteur par rapport à son œuvre, sur la spécificité du discours littéraire par rapport aux autres discours sociaux) que soulèvent ces distinctions. Pour en mesurer toute la complexité, je ne peux que renvoyer le lecteur à l'essai de Benoît Denis qui en propose une synthèse claire et bien argumentée[1]. Dans la présente étude, ces interrogations auront une place, mais modeste, à l'arrière-plan, mon objectif premier étant d'examiner de quelle manière l'*acte* littéraire chez Khadra (entendons à la fois son œuvre *et* sa posture d'écrivain) s'acquitte d'une pensée littéraire de l'engagement.

D'entrée de jeu, précisons que Khadra ne traîne pas avec lui une réputation d'écrivain engagé et qu'il ne se réclame pas lui-même de cette tradition. Ce fait mérite à lui seul d'être médité : et si la littérature, en ce début de XXIe siècle, accordait une moindre importance aux enjeux jugés capitaux par les écrivains-intellectuels du siècle précédent ? Il est clair que l'impératif sartrien de l'engagement a desserré

---

1. Benoît Denis, *Littérature et engagement : de Pascal à Sartre*, Paris, Seuil, coll. « Points Essais », 2000.

son étreinte, mais l'exemple de Khadra est là pour montrer que cette mise à distance d'une tutelle idéologique du littéraire n'entraîne pas forcément une déresponsabilisation ou une évasion du littéraire dans la sphère de la pure imagination. Premièrement, c'est par le choix de *thèmes* massivement politiques que les romans de Khadra soulèvent inévitablement la question de la prise de position idéologique. On ne saurait recevoir comme simples divertissements des romans traitant du sort des femmes sous le régime taliban (*Les hirondelles de Kaboul*[2]), du conflit israélo-palestinien (*L'attentat*[3]) et de la guerre en Iraq (*Les sirènes de Bagdad*[4]). Ces deux derniers livres en particulier abordent frontalement la question du terrorisme chez les musulmans intégristes. Il est clair qu'il s'agit pour Khadra d'en percer les motivations et d'en évaluer la portée autant morale que politique. J'établirai plus loin si ces fictions transmettent un « message » et si ce dernier, le cas échéant, trahit un engagement qui prendrait sa source en dehors de l'acte littéraire.

En deçà même des romans, de leurs thématiques et de leur structure interne, deux autres aspects du geste littéraire de Khadra sont susceptibles de recevoir une interprétation signalant chez lui une posture d'engagement. D'abord, le choix du français comme langue d'écriture, choix qui ne saurait être in-signifiant de la part d'un écrivain algérien entreprenant son œuvre après la décolonisation. Aux yeux du lectorat arabe, surtout intégriste, un tel geste a pu signifier une prise de distance de la culture arabe, voire même un reniement. Khadra minimise la portée idéologique de ce choix en expliquant qu'il s'est imposé pour des raisons strictement personnelles : « J'ai opté pour la langue française parce qu'elle m'a tout appris : mon histoire, le monde, les Autres, les rêves les plus fous, les peines les plus éprouvantes. C'est donc par pure gratitude que je la revendique[5]. » Dans son récit autobiographique *L'écrivain*[6], Khadra parle longuement de ses années de formation et de ses premières lectures. Il y raconte que, élève médiocre en français, il a eu la chance de connaître un professeur qui l'encouragea dans

2. Yasmina Khadra, *Les hirondelles de Kaboul*, Paris, Julliard, coll. « Pocket », 2002.

3. Yasmina Khadra, *L'attentat*, Paris, Julliard, coll. « Pocket », 2005. Dorénavant désigné à l'aide de la lettre *A*, suivie du numéro de la page.

4. Yasmina Khadra, *Les sirènes de Bagdad*, Paris, Julliard, 2006.

5. Cité dans Paul-Michel Filippi, « Le choix d'une langue » : http://www.yasmina-khadra. com (site consulté le 17 juillet 2007). Sur cette question, notons-le, Khadra suit les traces de Kateb Yacine.

6. Yasmina Khadra, *L'écrivain*, Paris, Julliard, coll. « Pocket », 2001.

ses premiers essais littéraires : « C'est en aimant cet homme que j'ai fini par aimer sa langue. La langue française venait de m'adopter[7]. »

Le second aspect à relever concerne l'adoption par le dénommé Mohamed Moulessehoul, officier supérieur dans l'armée de son pays, d'un nom d'écrivain *féminin* : Yasmina Khadra (il s'agit des deux prénoms de son épouse). Dans un contexte d'intégrisme religieux, quand on sait la place réservée à la femme par ledit intégrisme, ce choix constitue indubitablement une provocation. On peut le lire également comme un acte de dissociation à l'égard des valeurs « viriles » de l'institution militaire. Les raisons données par Khadra sont plus pragmatiques : déjà auteur de quelques ouvrages publiés sous son vrai nom[8], il avait observé chez lui un mécanisme d'autocensure, sa culture militaire lui donnant l'impression d'être sans cesse surveillé. « Entrer en clandestinité », comme il le dit, lui aurait donné la possibilité d'accomplir le rêve de liberté et de re-création à la source selon lui de l'aventure littéraire. Le geste aurait toutefois suscité malentendu et déception chez ceux qui applaudissaient avec enthousiasme l'arrivée sur la scène algérienne d'une romancière de calibre. Le scandale s'amplifia lorsqu'on découvrit que l'auteur caché était aussi un militaire, l'armée algérienne étant ces années-là dénoncée pour des tâches sanglantes qu'elle aurait accomplies. Non seulement Khadra leva-t-il le masque sur sa formation militaire, mais il prit aussi la défense de l'armée, selon lui accusée injustement[9].

Même en accordant peu de crédit aux justifications de l'auteur, force est d'admettre que ces deux choix initiaux (le français et un pseudonyme féminin) mettent en place une stratégie de distanciation à l'égard du pouvoir dominant en Algérie (distanciation qui prendra en outre la forme décisive de l'exil), ainsi qu'une stratégie d'évitement de la censure telle que pratiquée dans ce pays. Mais le geste est de plus grande portée et concerne le rapport que l'œuvre est appelée à créer avec son ou ses destinataires. Publier en français implique que l'on s'adresse prioritairement aux Occidentaux et aux musulmans francophones. Or, dans un climat géopolitique où tendent à s'exacerber les motifs d'incompréhension entre l'Occident chrétien et le monde

7. Paul-Michel Filippi, *loc. cit.*
8. L'œuvre de Moulessehoul débute en 1984 avec *Amen* et prend fin en 1990 lorsque paraît *Le dingue au bistouri*, sous le nom de Yasmina Khadra.
9. Cette controverse est relatée et commentée par Khadra dans son essai *L'imposture des mots*, Paris, Julliard, coll. « Pocket », 2002.

arabo-musulman, il est manifeste que les romans de Khadra tendent à rendre intelligibles aux yeux des Occidentaux certains traits des cultures arabophones. Il ne s'agit pas de justifier les excès du fondamentalisme, comme je le démontrerai plus loin, mais très certainement de montrer comment s'installe et se développe la haine. Le choix du français permet cette ouverture du dialogue mieux que ne l'aurait fait l'arabe, en premier lieu parce que le premier destinataire est manifestement le lecteur occidental, en second lieu parce que le prestige de la culture française permet d'emblée une plus large diffusion des textes. Un autre facteur trahit la volonté de l'auteur de rejoindre un plus large public et c'est le choix de genres littéraires (le roman noir et le polar) associés à la sphère de grande production. Proposer une littérature de qualité, susciter la réflexion, déjouer les préjugés en jetant un regard nuancé sur les phénomènes de manière à faire saisir toute leur complexité, accomplir tout cela de surcroît au moyen de romans accessibles et palpitants, tel semble être le défi que s'est lancé Khadra. Le roman *L'attentat* permettra d'examiner de quelle manière il s'y prend et quel type d'engagement il en résulte.

L'attentat (2005)

Peut-on imaginer sujet plus controversé que le conflit israélo-palestinien ? L'opinion mondiale est divisée et chaque fois qu'un attentat-suicide est perpétré par un Palestinien ou que la machine militaire israélienne riposte de façon autoritaire, l'indignation est à son comble. Après une si longue histoire de représailles de part et d'autre, est-il encore possible de déterminer lequel des deux camps serait légitime, lequel serait coupable ? Devant un problème d'une telle ampleur, il est inévitable de se demander : que peut la littérature ? Et si un écrivain d'origine arabe aborde de front la question, peut-il le faire sans parti pris ? On n'en doutera pas, les pièges sont nombreux et la voie de la justesse semble hasardeuse, entre l'illusoire clarté du roman à thèse et la faiblesse d'une position qui se perdrait dans l'infini des nuances. Khadra opte pour une perspective qui met au premier plan le sujet humain, ses contradictions, son impuissance devant des forces qui lui échappent. Là où un politologue aborderait le problème en confrontant les discours officiels et en analysant les intérêts en jeu (économiques, politiques, culturels), le romancier dirige sa lunette vers le sujet — qui avant d'être protagoniste, ou sujet de l'action, est d'abord *sujet au pâtir*, assujetti à une situation qu'il n'a pas choisie. Les discours officiels émanant des pouvoirs qui s'affrontent ne sont pas pour autant éludés par le romancier qui, au contraire, cherche à montrer par quelles voies ils se frayent un chemin jusqu'à la conscience du sujet, au point d'orienter en bout de ligne son comportement. Ainsi, le roman en arrive à montrer comment le discours politique (qui est ici essentiellement un discours de guerre) se nourrit des passions individuelles. Le roman permet de penser la dimension *agonique* sous-jacente au *polemos*. De manière à éviter que son personnage principal soit le représentant des valeurs d'un clan, Khadra le scinde en deux, expose sa faille. Mais voyons de plus près.

L'histoire est celle d'Amine Jaafari, chirurgien israélien d'origine palestinienne. Le récit débute abruptement sur un attentat dirigé contre le cheikh Marwan. Le narrateur, dont on ne connaît pas encore l'identité, fait partie des victimes et décrit son agonie. Après ce prologue de quelques pages commence le récit principal dont le narrateur est Amine, qui vient tout juste d'opérer un patient et s'apprête à rejoindre sa femme revenue d'un séjour à Nazareth. Mais l'annonce d'un attentat majeur perpétré dans un restaurant de Tel-Aviv l'oblige à rester de service pour venir en aide aux blessés. Rentré chez lui tard en soirée et s'apprêtant à s'endormir, Amine est convoqué d'urgence à l'hôpital. Ses collègues et la police l'informent alors que l'auteur de l'attentat est sa propre femme, Sihem. Après avoir identifié le cadavre déchiqueté de sa femme, Amine demeure incrédule : il ne peut tout simplement pas croire qu'elle est coupable d'un tel geste, même si toutes les évidences sont là. Amine se nourrit de tout autres évidences : sa femme et lui formaient un couple heureux, uni et complice ; elle ne lui cachait rien ; loin d'être intégriste, elle n'était même pas pratiquante ; elle aimait la beauté des fleurs et rêvait d'une villa près de la mer, etc. Obligé de quitter temporairement son emploi et subissant la hargne de ses voisins, Amine est déterminé à prouver l'innocence de sa femme. C'est ici que le roman adopte la forme du *polar*, Amine menant son enquête en retournant sur les derniers lieux fréquentés par sa femme. Chemin faisant, il se remémore son histoire conjugale en tentant de réinterpréter des signes qui auraient échappé à son attention. Une lettre de sa femme, postée quelques heures avant l'attentat, l'oblige à admettre l'inimaginable. Amine poursuit son enquête, déterminé à affronter ceux qui ont encouragé le geste insensé de son épouse. Considéré d'emblée comme un renégat, il reçoit des avertissements de plus en plus sévères de la part des groupes clandestins de résistance palestinienne. On le soupçonne d'être un espion à la solde du Shin Beth. Après avoir été séquestré et interrogé brutalement, il reçoit la visite d'un chef de guerre qui lui explique les raisons de leur combat et l'admiration qu'il porte à sa femme martyre de la Cause. Le commandeur lui accorde sa liberté en le confiant à Adel, membre de l'organisation, complice de Sihem et cousin d'Amine. Si les sentiments d'Amine envers les groupes extrémistes et leurs leaders à la fois politiques et religieux demeurent négatifs, un séjour dans son village natal auprès des membres de sa tribu lui fait prendre conscience de la misère palestinienne, une misère à laquelle il avait tourné le dos en s'établissant à Tel-Aviv. Il revoit ses tantes, ses cousins, le doyen Omr, un vieux sage nommé Zeev l'Ermite : les attitudes face à la situation sont diverses, les uns cultivant la révolte, les autres une résignation teintée de nostalgie, certains l'espoir d'une reconstruction. Pendant le séjour d'Amine, son petit cousin Wassam, un garçon sympathique et dévoué, est convoqué par l'Organisation : on apprend le lendemain qu'il s'est fait sauter devant un poste de l'armée. L'armée israélienne s'amène : en guise de représailles contre ce nouvel attentat, ordre est donné de détruire la maison ancestrale où loge la tribu. Amine proteste en vain et assiste, horrifié, à l'expropriation. Une de ses cousines s'enfuit à Janin. Craignant le pire, Amine part à sa poursuite et pense la retrouver à la mosquée où le cheikh Marwan livre son message. Pendant le sermon, l'alerte est déclarée et on entraîne le cheikh à l'extérieur. Alors qu'il pénètre dans une voiture, escorté de ses gardes, un drone s'abat sur la place : la scène initiale du roman est reprise presque mot pour mot et l'on comprend que l'agonisant était Amine lui-même racontant ses derniers instants. Avant de mourir, il se rappelle les paroles de son père : « On peut tout te prendre ; tes biens, tes plus belles années, l'ensemble de tes joies, et l'ensemble de tes mérites, jusqu'à ta dernière chemise — il te restera toujours tes rêves pour réinventer le monde que l'on t'a confisqué » (A, 246). Ces derniers mots résument la conception que Khadra se donne du rôle social et de l'éthique de la littérature.

Personnages et choc des positions discursives

Dans sa forme la plus convenue, le roman engagé se doit d'aménager au sein de la parole fictionnelle des procédés aptes à assurer la transmission d'un message privé d'ambiguïté. Cet objectif de clarification s'obtient par un renforcement des clés interprétatives, par le dépassement dialectique des incertitudes et des atermoiements, par le déni de l'in-décidable. La solution classique au problème de l'ambiguïté ou de l'ambivalence réside dans la binarisation des oppositions. C'est ce que fait le roman à thèse, dont la structure répond d'une frontière claire entre le Sujet (porteur des valeurs positives) et l'Anti-Sujet (porteur des valeurs négatives). Il est inutile de présenter plus longuement cette structure exposée dans le détail par Susan R. Suleiman et reprise par quantité d'analystes[10]. Il suffira ici d'insister sur les moyens formels mis en œuvre pour assurer la domination d'une position discursive sur les autres. Nous retiendrons trois procédés : 1) l'idéologie positive est énoncée par le narrateur qui, à l'aide d'observations et de jugements, dicte plus au moins directement au lecteur la juste manière d'interpré-ter les choses ; 2) l'idéologie positive est incarnée par un ou plusieurs personnages dont le discours et les actions sont perçus comme les représentants du Bien ; la confrontation avec le discours adverse s'effec-tue le plus souvent dans le cadre de dialogues menés comme des «jou-tes oratoires» ; 3) même si le discours du narrateur n'impose pas autoritairement sa juridiction et que le héros positif n'énonce pas explicitement le message à livrer, le récit peut recourir à la mise en scène de situations exemplaires, en montrant, par exemple, comment tel type d'action ou de choix idéologique provoque des conséquences positives ou négatives ; il s'agit en quelque sorte d'une preuve par l'exemple dont l'efficacité s'appuie sur la présupposition de normes partagées concernant la «vie bonne».

Le roman de Khadra n'illustre que partiellement ce genre de struc-ture. D'abord, le discours privilégié ne sort pas victorieux de la confron-tation ; inversement, les positions adverses ne sont pas balayées et conservent une partie de leur validité. Les positions éthiques du roman sont énoncées principalement par le narrateur et personnage de pre-mier plan, Amine. Toutefois, ce dernier n'est amené à les formuler que sous la pression des événements, par la force des choses, et ses idées ne se clarifient que progressivement. Au départ, la seule Cause défendue par Amine est celle de sa réussite sociale et de son bonheur conjugal. Son enquête auprès des groupes radicaux qui auraient encouragé sa femme à devenir kamikaze n'est aucunement motivée par le projet de combattre ces mouvements politiques. Comme il le confie à son amie Kim : «Je n'ai pas l'intention de me venger ou de démanteler de [*sic*]

---

10. Susan Rubin Suleiman, *Le roman à thèse ou l'autorité fictive*, Paris, PUF, 1983.

réseau. Je veux juste comprendre comment la femme de ma vie m'a exclu de la sienne, comment celle que j'aimais comme un fou a été plus sensible au prêche des autres plutôt qu'à mes poèmes» (*A*, 109). On voit par là que la posture d'Amine est initialement une posture de désengagement (on notera également une intrusion d'auteur avec l'opposition entre le discours idéologique [«prêches»] et le discours littéraire [«poèmes»], alors qu'Amine n'est pas du tout écrivain). Son parcours le conduira à une prise de conscience de ce qui l'unit aux autres, de sa responsabilité : quels que soient les choix qu'un individu puisse faire, fussent-ils les plus personnels, il est toujours «partie prenante». Alors qu'il croyait ne vivre que pour son propre compte, Amine est en réalité « embarqué » par ceux qui l'entourent : par ces Israéliens qui voient en lui instantanément un ennemi potentiel, par les Palestiniens qui le perçoivent comme un traître. Devant l'imam, Amine voit son désengagement interprété selon une clé idéologiquement déterminée :

> Et nous savons que vous êtes un croyant récalcitrant, presque un renégat, que vous ne pratiquez pas la voie de vos ancêtres ni ne vous conformez à leurs principes, et que vous vous êtes désolidarisé depuis longtemps de leur Cause en optant pour une autre nationalité... [...] Pour moi, vous n'êtes qu'un pauvre malheureux, un misérable orphelin sans foi et sans salut qui erre tel un somnambule en pleine lumière. (*A*, 148-149)

Amine finit par comprendre qu'il ne peut se défiler devant les injonctions et provocations qui proviennent de l'extérieur : il doit choisir. J'expliquerai plus loin quel choix éthique sera le sien — et celui, selon toute vraisemblance, du roman. Pour l'instant, voyons comment est narrée la confrontation entre les différentes positions discursives.

Le roman de Khadra ne trace pas une ligne de partage, entre les Israéliens et les Palestiniens, qui donnerait raison aux uns contre les autres. Les meilleurs amis d'Amine (Kim Yehuda et Ezra Benhaïm) sont Israéliens. Le capitaine Moshè, agent de police chargé de vérifier si Amine avait des contacts avec les terroristes, personnifie le préjugé anti-arabe : «Pour moi, tous ces fumiers se valent. Qu'ils soient du Jihad islamique ou du Hamas, ce sont les mêmes bandes de dégénérés prêtes à tout pour faire parler d'elles» (*A*, 42). On pourrait croire que le portrait de ce personnage, associé à celui du militaire qui ordonne froidement l'expropriation de la tribu, tendent à donner une image négative des forces de l'ordre. Ce fait est démenti par la présence d'un autre personnage, Naveed Ronnen, ami d'Amine et haut fonctionnaire de la police toujours prompt à venir à son secours.

Les figures de Palestiniens sont aussi très variées : elles passent du chef de guerre convaincu de mener une guerre juste au vieux sage Zeev l'Ermite, partisan du dialogue à partir d'une reconnaissance des sources religieuses communes, de l'imam endoctrineur à Yasser, simple citoyen qui aimerait seulement vivre tranquillement sa vie, du doyen Omr désireux d'assurer l'avenir du clan à son petit-fils Wissam, qui ne voit de solution, pour y arriver, que dans le sacrifice de sa jeune vie. Amine se sent trahi par son cousin Adel qui participait avec Sihem au financement de l'Organisation. Si l'imam et les chefs de guerre laissent sur le lecteur une impression négative, c'est avant tout parce qu'Amine les couvre d'injures. Ils sont bien porteurs d'un discours dont le roman rejette la validité. Leur portrait n'en reste pas moins nuancé et certains aspects de leur discours ne sont pas dénués de pertinence, comme le découvre Amine. Par exemple, Zaccaria, le deuxième commandeur rencontré, lui explique :

> Maintenant que tu as touché du bout de tes doigts les saloperies que ta réussite professionnelle t'épargnait, j'ai une chance de me faire comprendre. L'existence m'a appris qu'on peut vivre d'amour et d'eau fraîche, de miettes et de promesses, mais qu'on ne survit jamais tout à fait aux affronts. Et je n'ai connu que ça depuis que je suis venu au monde. [...] Tous les drames sont possibles lorsqu'un amour-propre est bafoué. Surtout quand on s'aperçoit qu'on n'a pas les moyens de sa dignité, qu'on est impuissant. Je crois que la meilleure école de la haine se situe à cet endroit précis. On apprend véritablement à haïr à partir de l'instant où l'on prend conscience de son impuissance. [...] Quand les rêves sont éconduits, la mort devient l'ultime salut... (A, 211-213)

Les motifs de l'affront et de l'humiliation seront repris de nouveau, et de manière encore plus poussée, dans *Les sirènes de Bagdad*. Dans ce dernier roman, Khadra décrit un outrage subi par son personnage principal (lui aussi narrateur de son histoire), outrage dont la nature échappe à la mentalité occidentale : au cours d'une descente particulièrement agressive des Marines américains dans leur demeure, le père du narrateur est tiré de son lit et tombe à la renverse sur le plancher, exposant aux yeux de tous ses organes génitaux :

> Le soleil pouvait toujours se lever, plus jamais je ne reconnaîtrais le jour de la nuit... Un Occidental ne peut pas comprendre, ne peut pas soupçonner l'étendue du désastre. Pour moi, voir le sexe de mon géniteur, c'était ramener mon existence entière, mes valeurs et mes scrupules, ma fierté et ma singularité à une grossière fulgurance pornographique — les portes de l'enfer m'auraient été moins inclémentes ! [...] je sus que plus rien ne serait

comme avant, [...] que, quoi qu'il advienne, j'étais *condamné à laver l'affront dans le sang*[11].

Il n'est pas interdit de postuler que ces discours soient aménagés par Khadra dans le but d'éveiller les Occidentaux à des particularités culturelles étrangères à leur système d'interprétation du monde. Ainsi, sans pour autant justifier le terrorisme, le roman s'emploie à repérer certaines de ses sources, d'un autre ordre que celles habituellement reconnues par les politologues. Les discours ont des effets certes puissants, mais aucun discours n'a prise sur l'individu si les passions de ce dernier ne sont pas sollicitées. Tel est l'objet premier des romans de Khadra : voir ce qui fait qu'un jour un individu *passe à l'acte* pour commettre l'irréparable, au mépris de toute logique, voire même de la logique guerrière[12]. Par ailleurs, en mettant dans la bouche des extrémistes des paroles qui reflètent une conscience aiguë de leurs motivations profondes, Khadra reconduit avec astuce le lecteur qui leur serait d'emblée sympathique au seuil d'une dimension que les discours idéologiques tendent à oblitérer : les « explications » du Commandeur portent déjà en germe le discours du roman, c'est-à-dire une mise à distance de la violence au profit d'un travail sur les sources du mal.

Toujours à l'usage, vraisemblablement, du lecteur occidental, un autre chef de guerre, dans *L'attentat*, fournit à Amine d'éclairantes précisions terminologiques :

> Un islamiste est un militant politique. Il n'a qu'une seule ambition : instaurer un État théocratique dans son pays et jouir pleinement de sa souveraineté et de son indépendance... Un intégriste est un djihadiste jusqu'au-boutiste. Il ne croit pas à la souveraineté des États musulmans ni à leur autonomie. Pour lui, ce sont des États vassaux qui seront appelés à se dissoudre au profit d'un seul califat. Car l'intégriste rêve d'une ouma une et indivisible qui s'étendrait de l'Indonésie au Maroc pour, à défaut de convertir l'Occident à l'Islam, l'assujettir ou le détruire... Nous ne sommes ni des islamistes ni des intégristes, docteur Jaafari. Nous ne sommes que les enfants d'un peuple spolié et bafoué qui se battent avec les moyens du bord pour recouvrer leur patrie et leur dignité, ni plus ni moins. (*A*, 156)

Ce *distinguo* confère une forme de légitimité au mouvement de résistance palestinien, distinct selon ce chef à la fois de l'intégrisme et de

---

11. Yasmina Khadra, *Les sirènes de Bagdad*, op. cit., p. 117-118.

12. En effet, en quoi les gestes de Sihem et de Wissam font-ils avancer la cause palestinienne ? C'est comme si tout cela se jouait sur un autre plan que le politique, plus précisément sur le plan fantasmatique du Jugement dernier.

l'islamisme : la cause palestinienne, loin d'être une idéologie, ne prendrait appui que sur un principe de dignité humaine.

L'éthique non sacrificielle

Plusieurs voix et plusieurs discours contrastés se font entendre dans *L'attentat*. Néanmoins, un point de vue éthique se profile dont j'analyserai ici le mode d'inscription. J'ai montré que l'art de Khadra présentait une complexité que ne connaît pas le roman à thèse, en faisant une place par exemple au dialogisme, à la confrontation de points de vue cherchant à établir leur légitimité. Toutefois, quelque chose insiste dans le discours du narrateur, qui trace la voie d'une prise de position radicale devant les oppositions en présence. Mais cette interprétation nécessite quelques précautions.

D'abord, il faut observer que le narrateur, Amine, présente les traits d'un homme bouleversé par ce qui lui arrive, quelqu'un donc qui ne saurait porter un jugement totalement éclairé sur les choses. De fait, il est constamment rappelé au bon sens par ses amis, par ses adversaires et par les forces de l'ordre. L'angle de vision d'Amine est d'abord égocentrique et existentiel : plongé dans la douleur, il cherche un sens au geste de sa femme. Plus encore, il cherche à se guérir de la blessure narcissique que ce geste a ouverte en lui. Au départ, donc, les jugements qu'il porte sur l'un et sur l'autre procèdent de l'émotion et non d'une analyse politique. Ce n'est qu'à partir du chapitre 12, soit aux deux tiers du roman, que sa perspective passera de la révolte individuelle à des considérations plus générales sur la situation politique. Trois caractéristiques du narrateur méritent d'être notées, lesquelles l'éloignent considérablement du prototype en circulation dans les romans engagés dits « à thèse ». Premièrement, la voix de ce narrateur n'est pas autoritaire : non seulement est-il contredit par d'autres personnages, mais son point de vue ne s'impose pas à la fin comme « supérieur », encore moins comme victorieux. Deuxièmement, l'éthique qu'il préconise ne se présente pas comme une solution idéologique dont la mise en place nécessiterait l'instauration d'un pouvoir. Au contraire, l'éthique d'Amine consiste plutôt en un déplacement du regard permettant une sortie du système d'opposition mortifère en cours, ce qui signifie en clair : dégagement plutôt qu'engagement. Troisièmement, le choix éthique d'Amine ne masque pas le tragique de la situation. S'il conteste les solutions envisagées par les kamikazes, il se montre à l'écoute de la situation agonique sous-jacente. De ce point de vue, d'ailleurs, le roman laisse l'interprétation ouverte, le destin d'Amine n'étant en rien «exemplaire» — à moins que l'absurdité de sa mort tienne lieu d'exemplarité eu égard à une situation sans issue.

Une fois énoncées ces considérations générales, je propose d'examiner les divers contextes où s'énonce ce que j'appelle l'éthique du roman. Un premier motif concerne la motivation des kamikazes, motivation qui demeure un mystère complet pour Amine, mais que des gens sur son passage tentent de lui faire comprendre. Pour quelqu'un comme le capitaine Moschè, l'explication est simple : ce sont des «fumiers», des «dégénérés». L'autre policier ami d'Amine, Naveed, se montre plus circonspect dans son jugement, avouant s'interroger toutes les nuits sur la question sans y trouver de sens :

> Je crois que même les terroristes les plus chevronnés ignorent vraiment ce qu'il leur arrive. Et ça peut arriver à n'importe qui. Un déclic quelque part dans le subconscient, et c'est parti. [...] À partir de là, tu ne peux plus faire marche arrière. [...] T'es rien d'autre que l'instrument de tes propres frustrations. Pour toi, la vie, la mort, c'est du pareil au même. [...] Tu attends juste le moment de franchir le pas. La seule façon de rattraper ce que tu as perdu ou de rectifier ce que tu as raté — en deux mots, la seule façon de t'offrir une légende, c'est de finir en beauté. (*A*, 95-96)

L'engagement du roman, en partie, réside dans l'effort cognitif d'interpréter l'impensable. L'explication de Naveed est de nature psychologique et laisse dans l'ombre l'arrière-plan sociologique à la base du désespoir individuel, aspect sur lequel d'autres interlocuteurs d'Amine insisteront — mais cette fois dans une perspective non plus analytique, mais bien justificative. Ainsi du chef de guerre cité plus haut, qui présente l'attentat suicide comme le seul geste disponible à qui veut se guérir d'une offense et retrouver sa dignité, dans une situation d'humiliation sociale pérenne. Un autre, parlant plus expressément de Sichem, affirmera :

> Nous somme en guerre. [...] Ta femme avait choisi son camp. Le bonheur que tu lui proposais avait une odeur de décomposition. Il la répugnait, tu saisis ? Elle n'en voulait pas. Elle n'en pouvait plus de se dorer au soleil pendant que son peuple croupissait sous le joug sioniste. (*A*, 207)

La loi morale, pour les chefs de guerre que rencontre Amine, impose le sacrifice du bien-être individuel au profit du salut collectif. Dans leur lecture dualiste de la situation, aucune autre voie se présente hormis la confrontation entre le pour et le contre.

Amine s'oppose énergiquement à cette fausse opposition, tout comme à cette conception guerrière de Dieu : « Je ne crois pas aux prophéties qui privilégient le supplice au détriment du bon sens. Je suis venu au monde nu, je le quitterai nu ; ce que je possède ne m'appartient pas. Pas plus que la vie des autres » (A, 159). Le chef à qui il adresse ces paroles se dit « abasourdi » par leur ton blasphématoire et reproche à Amine de ne pas être lié à sa patrie au point de vouloir donner sa vie pour elle. Il réaffirme la structure oppositionnelle comme si elle était inéluctable : « Pour eux [les kamikazes], pas question de crevoter dans le mépris des autres et de soi-même. C'est ou la décence ou la mort, ou la liberté ou la tombe, ou la dignité ou le charnier » (A, 159). On remarquera au passage comment ce code de vie s'articule à partir du regard d'autrui et de la dette. Amine ne l'entend pas ainsi. Persuadé de ne pas faire le poids devant l'immensité du problème, il préconise une forme de désengagement salutaire et refuse d'embarquer Dieu dans ses plans de réfection :

> Toute ma vie, j'ai tourné opiniâtrement le dos aux diatribes des uns et aux agissements des autres, cramponné à mes ambitions tel un jockey à sa monture. […] je n'avais pas le temps de m'intéresser aux traumatismes qui sapent les appels à la réconciliation de deux peuples élus qui ont choisi de faire de la terre bénie de Dieu un champ d'horreur et de colère. Je ne me souviens pas d'avoir applaudi le combat des uns ou condamné celui des autres, leur trouvant à tous une attitude déraisonnable et navrante. Jamais je ne me suis senti impliqué, de quelque manière que ce soit, dans le conflit sanglant qui ne fait, en vérité, qu'opposer à huis clos les souffre-douleur aux boucs émissaires d'une Histoire scélérate toujours prête à récidiver. J'ai connu tant d'hostilités méprisables que le seul moyen de ne pas ressembler à ceux qui étaient derrière est de ne pas les pratiquer à mon tour. Entre tendre l'autre joue et rendre les coups, j'ai choisi de soulager les patients. (A, 163-164)

Ce passage capital, qui semble s'amorcer sur un aveu de culpabilité, débouche en fait sur le refus d'une logique duelle conduisant au maintien d'un système relationnel faisant de la mort la grande gagnante. Le point central de la prise de conscience effectuée par Amine concerne la profonde réciprocité des partis qui s'opposent. « Choisir son camp », dans ce contexte, équivaut à perpétuer un mécanisme mortifère qui, dans sa prétention à régler le problème de la douleur, ne fait qu'accentuer sa domination. L'absurde répétition sans fin qu'entraîne un système relationnel fondé sur la loi de la réciprocité («œil pour œil, dent pour dent») avait été, plus tôt dans le roman, dénoncée par deux Israéliens, Naveed et Benjamin, un professeur de philosophie engagé dans un mouvement pacifiste :

> — Les cortèges funèbres, qui s'entrecroisent de part et d'autre, nous ont-ils avancé à quelque chose ?
> — Ce sont les Palestiniens qui refusent d'entendre raison.
> — C'est peut-être nous qui refusons de les écouter.
> — Benjamin a raison, dit Naveed d'une voix calme et inspirée. Les intégristes palestiniens envoient des gamins se faire exploser dans des abribus. Le temps de ramasser nos morts, nos états-majors leur expédient des hélicos pour foutre en l'air leurs taudis. (A, 69)

Par l'intermédiaire de tels énoncés prononcés par des personnages positifs, le roman définit peu à peu un modèle éthique qui formerait la solution de rechange aux voies systémiques de la violence. Cette sagesse s'exprime par la bouche de diverses figures croisées par Amine, autant palestiniennes qu'israéliennes. À la fin du roman, Zeev l'Ermite formule le principe sur lequel débouche la quête d'Amine : «La vie d'un homme vaut beaucoup plus qu'un sacrifice, aussi suprême soit-il» (A, 236).

Dès lors, deux questions peuvent être posées. Premièrement, au nom de quoi ce refus du sacrifice peut-il s'imposer à la conscience ? Deuxièmement, les Palestiniens sont-ils conviés, pour ce faire, à supporter l'affront et à dénier la douleur qui est la leur ? Si tel était le cas, on comprend bien que le roman de Khadra jouerait trop facilement le jeu du pouvoir sioniste.

Culture commune et partage du vivant

L'engagement de Khadra contre l'intégrisme est un fait attesté, autant dans sa vie que dans ses romans et essais. L'écrivain a d'ailleurs quitté son pays natal au moment où les intégristes s'emparaient du pouvoir en Algérie. Son entreprise littéraire n'en est pas moins marquée du sceau d'une fidélité à la culture arabe. La sagesse proposée dans ses romans n'est en rien l'expression d'un idéalisme fondé sur le déni des souffrances vécues par les populations tentées par le terrorisme. Dans *L'attentat*, les pages sur la décomposition des conditions de vie palestiniennes, sur l'état de guerre permanent et sur le chaos qui en résulte, montrent une situation de cul-de-sac propice aux gestes les plus désespérés. La scène de la destruction de la maison ancestrale révolte le narrateur : même si le geste est la riposte musclée à un attentat terroriste commis par un membre du clan, il choque par l'insensibilité de son radicalisme. Il prive en effet les habitants du clan du seul lieu qui soit vraiment leur et contribue à la dislocation du tissu social. Au milieu de cette misère, Amine redécouvre une richesse humaine qu'il avait oubliée : « À voir tout ce monde m'aimer et n'avoir à lui offrir en partage qu'un sourire, je mesure combien je me suis appauvri » (A, 234). Il sait toutes les beautés que peut receler la culture de ce peuple. Prendre la mesure de l'état dans lequel il est réduit n'en est que plus douloureux, comme dans ce passage où il se remémore la vie que l'on menait à Janin avant que la ville ne devienne un champ de ruines : « Où sont donc passées les petites touches qui faisaient son charme et sa griffe, qui rendaient la pudeur de ses filles aussi mortelle que leur effronterie [...] Le règne de l'absurde a ravagé jusqu'aux joies des enfants » (A, 202-203). Mais ces évocations amères n'ont pas pour fonction, dans le roman, de maintenir le lecteur dans un état d'indignation mélancolique. Il s'agit avant tout pour Khadra — telle est du moins mon hypothèse — de recentrer l'esprit en direction de la beauté et de la civilisation. Khadra cherche à briser le cercle vicieux menant à l'autodestruction en rappelant aux populations assiégées une identité que la guerre a occultée. Il s'agit de ne pas céder au paradoxe d'une guerre qui, prétendue menée pour la préservation d'une culture, conduit les sujets à perdre le sens même de la vie.

L'apparent désengagement d'Amine à l'égard des Causes idéologiques et des programmes qui promettent le salut le fait opter dès lors pour une autre forme d'engagement, qui consisterait à donner toutes ses chances à la vie, à sa fragile beauté :

> Je hais les guerres et les révolutions, et ces histoires de violences rédemptrices qui tournent sur elles-mêmes telles des vis sans fin, charriant des générations entières à travers les mêmes absurdités meurtrières sans que ça fasse *tilt* ! dans leur tête. Je suis chirurgien ; je trouve qu'il y a suffisamment de douleur dans nos chairs pour que des gens sains de corps et d'esprit en réclament à d'autres à tout bout de champ. (A, 164-165)

Après avoir écouté son cousin Adel justifier le geste de Sihem en le présentant comme un sursaut de conscience, Amine en nie la validité : « Je ne me reconnais pas dans ce qui tue ; ma vocation me situe du côté de ce qui sauve. Je suis chirurgien. Et Adel me demande d'accepter que la mort devienne une ambition, le vœu le plus cher, une légitimité » (A,

222). Sa conviction est désormais pleinement et consciemment assumée, par-delà même les sentiments qu'il continue d'éprouver pour les
siens. Il ne juge pas Sihem, se reprochant au contraire de ne pas avoir
perçu la blessure qu'elle portait, blessure dont elle n'a su se délivrer
qu'en se détruisant elle-même. Il est plus dur à l'égard d'Adel et des
idéologues, car « si la guerre est devenue son unique chance d'accéder
à l'estime de soi, c'est qu'il est mort lui-même et qu'il n'attend que sa
mise en terre pour reposer en paix » (A, 225). La conclusion de ce long
processus réflexif est claire : « Car l'unique combat en quoi je crois et
qui mériterait vraiment que l'on *saigne* pour lui [...] consiste à réinventer la vie là où la mort a choisi d'opérer » (A, 226).

La stratégie de Khadra vise donc une ouverture du champ de perception et propose un rappel de ce que la guerre, prise dans une dynamique oppositionnelle, tend à refouler jusqu'à l'oubli. Là où le roman
militant à thèse succombe à la binarité du *polemos*, creusant toujours
plus l'écart entre les factions opposées, l'entreprise romanesque de
Khadra choisit la voie d'un combat symbolique reconduisant les oppo-
sés aux fondements qu'ils partagent en commun. Pour sortir du cercle
infernal, Khadra en appelle à une perception renouvelée des beautés
de la terre et des œuvres où s'exprime le génie humain :

> J'ai beaucoup aimé Jérusalem, adolescent. [...] Je passais d'un quartier à
> l'autre comme d'une fable ashkénaze à un conte bédouin, avec un bonheur
> égal, et je n'avais pas besoin d'être un objecteur de conscience pour retirer
> ma confiance aux théories des armes et aux prêches virulents. Je n'avais
> qu'à lever les yeux sur les façades alentour pour m'opposer à tout ce qui
> pouvait égratigner leur immuable majesté. (A, 142)

Le salut par l'art est un thème récurrent chez Khadra, notamment dans
Les sirènes de Bagdad, dernier volet de la trilogie portant sur le terrorisme. L'appel lancé par Khadra à ses frères de culture arabe est une
invitation à miser sur ce que leur civilisation a produit de plus grand, sur
ce qui représente leur plus grande contribution à l'histoire de l'humanité. Dans *L'attentat*, la poétique du lieu fait office de bastion contre les
dérives du combat politique : « Il suffirait de prêter l'oreille pour percevoir le pouls des dieux, de tendre la main pour cueillir leur miséricorde,
d'une présence d'esprit pour faire corps avec eux » (A, 141). Jérusalem
aurait la faculté de fissurer le mur des dissidences. Khadra tend à montrer que les dieux qui l'habitent sont issus du sol, de l'air, de la mer non
loin. Sa mystique est une *aesthesis*, une manière de sentir ; dès lors, sa

politique est un partage du sensible, partage qui trouve sa pleine expression dans les grands textes, qu'ils soient sacrés ou littéraires.

Conclusion : Khadra dégagé

Le phénomène est connu, un écueil attend le roman militant ou engagé : le déni du littéraire au profit d'impératifs moraux ou idéologiques. Mais qu'entend-on par « littéraire » et en quoi le récit édifiant lui fait-il défaut ? L'une des fonctions de la fiction n'est-elle pas de personnifier des caractères moraux et d'illustrer des situations possibles de manière à dégager une exemplarité du comportement, à tout le moins une compréhension des passions humaines et des conséquences qu'elles entraînent ? Des théoriciens tels que Barthes ont pu chercher à démontrer que le seul lieu d'engagement véritable de l'écrivain est l'écriture elle-même, puisqu'elle est le seul lieu où s'élabore la vérité du dire, une vérité irréductible à quelque programme idéologique que ce soit. Comparée aux avant-gardes présentées par ces théoriciens comme manifestations d'une écriture véritablement révolutionnaire, l'esthétique de Khadra paraîtra plutôt conservatrice. En effet, si « message » il y a, il se déploie à travers la représentation : descriptions, caractérisations des personnages et dialogues ponctués de réflexions. Nous sommes ici en présence d'une rhétorique de la persuasion qui se sert de la langue et des ressources du récit pour articuler le logos au pathos dans le but d'interpeller le lecteur, de le toucher et de l'instruire. D'entrée de jeu, j'ai posé que la stratégie de Khadra était directement déterminée par la prise en considération d'un destinataire double : le lecteur arabe et le lecteur occidental. Les uns sont invités à dégager leur culture et l'estime d'eux-mêmes des cercles vicieux de la violence ; les autres sont appelés à mieux connaître et à comprendre la mentalité des peuples arabes, et aussi à prendre conscience du fait que leur méconnaissance et leurs préjugés engendrent également des effets violents. Quel que soit le caractère conventionnel de telles stratégies, j'ai cherché à montrer comment Khadra s'y était pris pour déjouer les pièges d'une pensée duelle caractéristique du roman à thèse. De ce point de vue, on peut soutenir que l'entreprise romanesque de Khadra, bien que répondant aux règles de la littérature de large diffusion, loin d'engendrer des convictions politiques visant à clore le débat, opère au contraire une distanciation critique à l'égard des processus conduisant à la violence et s'emploie à *dégager* le sujet idéologique de tout ressassement mortifère. Qui plus est, et selon l'aveu même de Khadra, une telle prise de distance serait ce qui définit fondamentalement la littérature. Pour s'en convaincre, il suffit de lire l'essai de l'auteur intitulé *L'écrivain*. On apprend dans ce livre comment la littérature fut pour Khadra, dès son plus jeune âge, la voie choisie pour préserver sa subjectivité contre l'endoctrinement et, plus profondément encore, contre les effets destructeurs de traumas et de circonstances humiliantes. Dès le départ, la littérature a été perçue par Khadra comme un *exil* salutaire. Opposant, comme il l'écrit, «un farouche rejet à toutes les formes d'oppressions», Khadra refuse la violence. Pourtant, la vie est dure et les affronts difficiles à encaisser ; Khadra découvre le pouvoir de sublimation offert par la littérature :

> J'avais une revanche à prendre, sur moi-même d'abord, ensuite sur ceux qui s'étaient dépêchés à me jeter au rebut. Et cette revanche, c'était d'être, un jour, ce que j'idéalisais le plus : un écrivain ! C'est-à-dire quelqu'un qui, comme Baudelaire, aura plané par-dessus la bassesse et les abjections auxquelles ses semblables l'avaient voué et triomphé de sa petitesse de mortel en méritant sa part de postérité[13].

Si la littérature obéit à une volonté de prendre sa revanche sur le destin et d'offrir au sujet qui y prend part la sensation d'exister, elle ne se réduit pas pour autant à des aspirations individuelles. La vocation littéraire de Khadra est d'abord déterminée par des lectures qui lui donnent accès à l'une des tâches selon lui essentielle de la littérature : l'humanisation. Des écrivains qui ont marqué son adolescence, il écrit :

> Ils n'appartenaient pas au commun des mortels. Pour moi, c'étaient des prophètes, des visionnaires ; les sauveurs de l'espèce humaine. Il m'était très difficile de concevoir l'existence sans eux. Force originelle des hommes ; ils n'interprétaient pas le monde, ils l'*humanisaient*. Plus que jamais, je voulais être des leurs, apporter aux autres ce qu'ils m'apportaient ; devenir un phare bravant les opacités de l'égarement et de la dérive[14].

Dans son essai, Khadra décrit ce qui fait la singularité de l'écrivain : d'abord, la faculté de *nommer* le monde, voire de le *créer*, à l'aide de lettres au départ atones et amorphes ; ensuite, la faculté de regarder, d'être attentif à la douleur d'autrui, la puissance du verbe permettant au sujet qui s'y livre de ne pas sombrer. En définitive, l'engagement littéraire de Khadra prend la forme d'un engagement pour l'intégralité

---

13. Yasmina Khadra, *L'écrivain, op. cit.*, p. 244.
14. *Ibid.*, p. 186.

de l'humain, être de paroles et de sensations, de solitude et de communauté, et dont la beauté sied dans sa vulnérabilité.

Mais on ne saurait s'en tenir à cela et quelques interrogations demeurent. Malgré cette bonne volonté de la part de l'écrivain et la reconnaissance du rôle qu'a pu jouer la littérature dans sa vie, on ne peut échapper à une série de questions propres à semer un doute quant à la validité ultime du projet romanesque dont dérive *L'attentat*. Pour pousser plus loin l'effort critique, on se demandera par exemple si l'une des limites du roman ne résiderait justement pas dans son articulation entre discours et représentation. En un sens, la stratégie de Khadra est assez rhétorique : pour montrer que tout n'est pas blanc ou noir, il s'agit de faire se voisiner des Juifs sympathiques et d'autres antipathiques, des Palestiniens violents et d'autres non violents. Un autre roman pourrait « arranger » les choses autrement et se montrer tout aussi crédible. Par ailleurs, la représentation du peuple palestinien entraîne une forme de commisération que d'aucuns pourront juger « paternaliste », comme si, en définitive, les Palestiniens étaient, de par la douleur qui leur échoit, plongés dans un état d'aveuglement dont il faut les guérir. Mais la « solution » proposée par le roman, même si elle n'est pas, comme j'ai tenté de le démontrer, autoritaire, a le désavantage de se rabattre sur la seule perspective morale individuelle. Le roman entretient ainsi un point de vue largement répandu en Occident, stipulant qu'il suffirait seulement d'un peu de bonne volonté pour venir à bout du conflit. Ainsi, tout en refusant de pousser jusqu'à ses extrêmes limites l'analyse politique, le roman maintient l'écriture « sous contrôle », attachée à exposer des idées à travers des personnifications exemplaires. Sans remettre en question l'indéniable effort éthique fourni par Khadra (dont toute notre analyse cherche du reste à montrer le fonctionnement, la logique et le bien-fondé), en bout de ligne, nous devons tout de même émettre un doute quant à la capacité qu'aurait *L'attentat* de fonder une écriture de la réconciliation.

Jeux et enjeux de l'énonciation humoristique : l'exemple des *Caves du Vatican* d'André Gide

MARÍA DOLORES VIVERO GARCÍA

> Le véritable rire, ambivalent et universel, ne récuse pas le sérieux, il le purifie et le complète. Il le purifie du dogmatisme, du caractère unilatéral, de la sclérose, du fanatisme et de l'esprit catégorique [...], du didactisme, de la naïveté et des illusions, d'une néfaste fixation sur un plan unique [...].
>
> Mikhaïl BAKHTINE, *L'œuvre de François Rabelais et la culture populaire au Moyen Âge et sous la Renaissance*[1].

L'humour peut apparaître comme déplacé dans des circonstances où il convient d'être sérieux et dans des contextes discursifs où l'on est censé s'engager. En effet, l'usage de l'humour implique une attitude énonciative de désengagement, qui permet au locuteur de se décharger de la responsabilité du dire. Pourtant les frontières entre l'humour et le sérieux sont perméables. D'une part, il y a des types d'humour, comme l'humour noir, qui frôlent les limites des convenances en associant le rire à des thèmes habituellement sérieux ; d'autre part, et c'est ce que nous voudrions souligner à propos des *Caves du Vatican*, l'humour, par son pouvoir d'opérer une subversion des valeurs, est sûrement l'une des meilleurs façons de prendre position. Le désengagement énonciatif qui lui est propre peut alors devenir, comme dans le cas de Gide, une arme au service de l'engagement éthique, esthétique et politique.

---

1. Mikhaïl Bakhtine, *L'œuvre de François Rabelais et la culture populaire au Moyen Âge et sous la Renaissance* (trad. de Andrée Robel), Paris, Gallimard, coll. «Bibliothèque des idées», 1970, p. 127.

Humour et désengagement énonciatif

Sur le plan énonciatif, l'humour instaure une distanciation ludique entre le locuteur, qui apparaît comme responsable de l'énoncé, et la position qu'exprime cet énoncé, par rapport à laquelle le locuteur donne à entendre qu'il se désolidarise[2]. Oswald Ducrot définit ainsi l'humour comme une forme d'ironie qui ne prend personne à partie : l'énonciation humoristique se caractérise, selon lui, par une dissociation entre l'instance présentée comme responsable de l'énoncé (le locuteur) et celle qui assume la position exprimée dans l'énoncé (l'énonciateur), cette position visiblement insoutenable n'étant attribuée à personne. Par cette distance qu'il établit entre lui-même et sa parole, ajoute Ducrot, le locuteur « se place hors contexte et y gagne une apparence de détachement et de désinvolture[3] ».

Dans la perspective discursive qui est la nôtre, il nous semble nécessaire d'ajouter que la parole humoristique s'inscrit en général dans un contexte susceptible de la légitimer aux yeux du destinataire[4]. Par ailleurs, pour éviter l'échec d'une réception naïve, le locuteur doit réussir à faire reconnaître son énoncé comme étant humoristique. C'est tout le problème du texte comique d'avoir à se signaler comme tel. Certes, on peut toujours le faire remarquer *a posteriori* : « je plaisante ». Mais d'habitude les indices discursifs suffisent à révéler l'intention comique : devant l'énormité des propos tenus, et toujours par rapport à un certain contexte, on ne peut pas croire que le locuteur adhère sérieusement à ce qu'il dit. Or, comme chacun en a sans doute fait l'expérience, il ne suffit pas de percevoir la visée humoristique pour s'en amuser. Le caractère comique d'un énoncé dépend également de l'état d'esprit du récepteur, qui doit être prêt à partager certains points de vue et à adhérer au sens construit. On pourrait étendre à l'humour ce qu'écrit Danielle Forget sur l'ironie :

---

2. Cette description ne prend pas en compte l'humour involontaire. Comme ça a été souvent remarqué, une situation, un comportement (la personne qui glisse accidentellement sur une peau de banane), sans être comique en soi, peuvent avoir un effet comique (Gérard Genette, « Morts de rire », dans *Figures V*, Paris, Seuil, 2002, p. 157). Mais il n'y a pas, dans cet humour non intentionnel, d'énonciation humoristique.

3. Oswald Ducrot, *Le dire et le dit*, Paris, Minuit, 1984, p. 213.

4. Pour un développement de l'approche discursive du phénomène de l'humour dans un autre type de discours, voir Manuel Fernandez et María Dolores Vivero García, « L'humour dans la chronique de la presse quotidienne », *Questions de communication*, n° 10, 2006, p. 81-101.

Le destinataire doit assumer le rôle qu'on lui a préparé : recevoir un discours qui ne représente pas la prise en charge réelle du locuteur [...] il peut
choisir d'assumer complètement ce rôle, par connivence avec le locuteur
[...]. Ou s'il n'est pas d'accord avec la prise de position « réelle » du locuteur
[...] il pourra se trouver mal à l'aise d'être pris à témoin [...] ou alors réagir
vivement à cette prise de position en la contestant ouvertement[5].

D'où le caractère subjectif de l'effet comique. Comme le souligne
Genette, c'est une question de « disposition individuelle : ce qui fait rire
les uns ne fait pas *nécessairement* rire les autres[6] ». Tout discours humoristique sollicite donc la complicité de l'interlocuteur.

Notre étude sur l'humour dans *Les caves* reprend les catégories
descriptives sur lesquelles nous avons travaillé, au sein d'un groupe de
chercheurs dirigé par Patrick Charaudeau[7], et s'inscrit dans le cadre
de la réflexion théorique sur l'humour menée par ce groupe. On dis-
tinguera ainsi deux catégories de procédés discursifs qui peuvent se
combiner pour créer des effets d'humour. La première regroupe les
procédés qui, tout en utilisant la distance énonciative caractéristique
de l'humour, tirent leurs effets comiques d'un jeu non pas sur cette
distance elle-même, mais sur le sémantisme des mots à l'intérieur de
l'énoncé et de la représentation du monde qui s'en dégage, celle-ci
pouvant apparaître sous trois formes d'incohérence : l'insolite, la loufoquerie et le paradoxe. La seconde réunit les procédés qui jouent sur
la distance énonciative elle-même, soit en laissant entendre quelque
chose de différent de ce qui est dit (l'ironie et le sarcasme), soit en
jouant sur la prise en charge du propos auquel il est fait écho (la parodie)[8]. À partir de ces outils conceptuels, nous tenterons de décrire la
spécificité du dispositif humoristique déployé dans *Les caves du Vatican,*
en soulignant le jeu sous-jacent entre la posture énonciative distanciée
de la parole humoristique et la visée critique qui met l'écriture au service, comme on le verra, de plusieurs causes.

Rappelons brièvement avant, afin de rendre notre parcours plus
clair, l'intrigue de cette sotie parue en 1914 dans la *Nouvelle Revue française.* Le célèbre scientifique franc-maçon Anthime Armand-Dubois,

---

5. Danielle Forget, *Figures de pensée, figures de discours*, Québec, Nota bene, 2000,
p. 123.

6. Gérard Genette, *op. cit.*, p. 148.

7. Pour une présentation plus étendue de ces catégories, voir Patrick Charaudeau,
« Des catégories pour l'humour ? », *Questions de communication, loc. cit.*, p. 19-41.

8. Nous reviendrons sur les définitions de ces procédés au fur et à mesure qu'on les
utilisera dans notre étude des *Caves.*

croyant avoir été guéri de ses rhumatismes par un miracle, se convertit soudain au catholicisme, mais il attendra en vain les sommes promises par l'Église en dédommagement des pertes matérielles que lui vaut le retrait de l'appui des Loges. Par ailleurs, l'écrivain Julius de Baraglioul, beau-frère d'Anthime, suivant les instructions de son père qui veut, avant de mourir, bénir et doter son fils illégitime Lafcadio, retrouve celui-ci. Désormais riche, Lafcadio part en voyage. Pendant ce temps, la comtesse de Saint-Prix, sœur de Julius, reçoit Protos, déguisé en ecclésiastique, qui prétend lui confier un secret : la franc-maçonnerie, alliée aux Jésuites, aurait séquestré le pape et l'aurait remplacé par un faux. En réalité, il s'agit d'une supercherie montée par Protos, ancien camarade de Lafcadio, pour escroquer des fonds prétendument destinés à la délivrance du prisonnier. Cherchant à récupérer une partie de l'argent qu'elle a dû verser au faux ecclésiastique, la comtesse confie le secret aux Fleurissoire. Mais au lieu de donner l'argent, qu'ils n'ont d'ailleurs pas, Amédée Fleurissoire décide d'entreprendre tout seul une héroïque croisade pour délivrer le pape. Or, dès son arrivée à Rome, il est pris en mains par la bande d'escrocs et, obéissant aux ordres de Protos (qui apparaît maintenant sous les traits empruntés de l'abbé Cave), il prend un train où il croise Lafcadio, qui, par un acte gratuit, le précipite hors du wagon. Julius croit alors qu'on s'est débarrassé d'Amédée parce qu'il détenait le secret du faux pape et il révèle à son tour le secret à Anthime, lequel jugeant qu'il a renoncé à ses biens et à sa science pour un Dieu que rien ne lui assure maintenant être le vrai, décide de rejoindre à nouveau les francs-maçons. Quant à Lafcadio, son crime a été surpris par Protos, qui apparaît à nouveau sous différents déguisements et croit pouvoir embrigader son camarade. Mais c'est finalement Protos qui payera pour le meurtre perpétré par Lafcadio. Celui-ci, suivant le conseil de Julius, ne se livre pas à la police et se contente d'aller se confesser.

Par certains côtés, il s'agit, on le voit, d'une intrigue policière, avec des rencontres et des rebondissements qui font penser aux romans populaires de la fin du XIXᵉ siècle. Nous commencerons par donner un aperçu rapide du rôle joué dans ce livre par les procédés d'humour qui portent sur l'énoncé (l'insolite et le paradoxe, principalement). On abordera ensuite plus en détail les procédés qui jouent sur le désengagement énonciatif : le sarcasme, l'ironie et surtout la parodie. Pour finir, on soulignera la visée critique de ces effets d'humour dans *Les caves*.

Les jeux sur l'incohérence

L'insolite est un procédé très souvent présent dans le discours humoristique. Il se fonde sur un contraste entre deux univers de connaissance différents qui se trouvent rapprochés dans un énoncé. Par exemple, en décrivant les tentatives d'Anthime de réduire en simples «tropismes» l'activité des animaux qu'il observe, le narrateur humanise les rats de laboratoire et rapproche ainsi l'humain du non-humain:

> Pour servir à ses fins, pour obtenir de l'animal maté l'aveu de sa simplicité [...] et pour agir distinctement sur l'un ou l'autre sens de l'animal [...] [Anthime] les dépouillait de tel ou tel organe que vous eussiez juré indispensable, dont l'animal, pour l'instruction d'Anthime, se passait[9].

Il y a en général peu d'insolite dans Les caves. On trouve cependant certains jeux verbaux relevant de l'insolite, qui auront un rôle majeur dans la visée critique de cette sotie. Ils associent le sémantisme des noms des personnages aux actions et aux relations de ceux qui les portent. Ainsi, les trois filles du botaniste Pèterat portent des noms de plantes; la plus jeune, Arnica, élevée par une bonne surnommée Réséda et par Madame Semène (du latin *semen*, semence, graine) deviendra, après son mariage avec Amédée, Arnica Fleurissoire; son époux est, par ailleurs, couvert de boutons, comme le remarque Alain Goulet. Celui-ci ajoute à cette série de noms botaniques celui d'Anthime, du grec *anthos*, ce qui pousse, la fleur et *anthimos*, fleuri[10]. On peut également y rattacher d'autres éléments: Arnica, que les moqueries courbent «comme une algue lente» (*CV*, 109) et dont l'âme est «inéclose» (*CV*, 110), se fait parfois «planter» par son père (*CV*, 107) et a pour beau-père un marchand en couronnes mortuaires (*CV*, 111). Selon un jeu semblable reliant de manière insolite les noms aux comportements, la comtesse de Saint-Prix perd connaissance en entendant qu'il faut une somme de 200 000 francs pour délivrer le pape.

À la différence de la loufoquerie, qui confronte des univers sans aucun rapport et dont on ne relève pas d'exemples dans Les caves[11],

9. André Gide, Les caves du Vatican, Paris, Gallimard, 1922 [1914], p. 11-12. Dorénavant désigné à l'aide du sigle CV, suivi du numéro de page.

10. Alain Goulet, Les caves du Vatican d'André Gide: étude méthodologique, Paris, Larousse, coll. «Thèmes et textes», 1972, p. 127.

11. L'incohérence loufoque n'est pas représentée dans Les caves. Pour rendre cependant plus claire sa différence par rapport à l'insolite, on peut citer l'exemple de cette comparaison de Boris Vian: «De la musique ennuyeuse comme des petits pois trop gros» (Boris Vian, Chroniques de jazz [éd. Lucien Malson], Paris, Jeune Parque, 1967, p. 33, cité par Henri

l'insolite garde, malgré l'incongruité du contraste, une certaine logique interne et comme une part de justesse, qui le rendent sans doute non seulement plus apte à la critique (celle des défauts d'une classe sociale, dans le cas de la comtesse de Saint-Prix), mais aussi plus favorable à l'engendrement de la réflexion, en l'occurrence une réflexion sur la fiction et ses effets de vraisemblance, car par cette association de leurs noms à leurs fonctionnements, les personnages, réduits à une mécanique qui obéit au système des jeux verbaux, perdent toute autonomie et toute vraisemblance.

L'incohérence paradoxale, quant à elle, joue délibérément d'une contradiction manifeste. Ainsi, la circulation du secret à propos du faux pape est comique parce qu'elle actualise le paradoxe bien connu du secret éventé. Un autre paradoxe susceptible de faire sourire est celui d'Anthime converti et «déconverti»; l'athée, qui s'amusait à bousculer les croyances des autres et préférait rester malade plutôt que d'être forcé «de croire à Celui qui n'existe pas» (CV, 26), est surpris priant à genoux par une Véronique perplexe: «Son Anthime était là, en face d'elle; il n'était assis, ni debout [...] Anthime le savant, l'athée, celui dont le jarret perclus, non plus que la volonté insoumise, depuis des ans n'avait jamais fléchi [...] était agenouillé [...]» (CV, 35). L'humour du narrateur prend ensuite pour cible la consternation des catholiques, qui trouvent que le converti exagère, surtout lorsqu'il n'accorde aucune importance aux biens matériels (le paradoxe s'articule ici, on le verra, sur la parodie du discours de la bourgeoisie catholique).

Enfin, le paradoxe du faux ayant l'apparence du vrai et du vrai qui paraît faux parcourt tout le livre. Protos devenu l'abbé Cave, c'est-à-dire déguisé en prêtre, apparaît comme un digne ecclésiastique dont le teint jeune et frais serait l'indice d'une vie pure: «Rien qu'au visage on aurait reconnu le prêtre, et à je ne sais quoi de décent qui le caractérise: le prêtre français» (CV, 148). D'ailleurs, comme si le deuxième déguisement avait la vertu d'authentifier le premier, le faux prêtre re-déguisé en simple campagnard calabrais rend le prêtre plus vraisemblable:

> Mais dites-moi comment vous me trouvez dans ce costume? J'ai peur que le curé n'y reparaisse par endroits.
> — Rassurez-vous, dit candidement Fleurissoire: personne d'autre que moi, j'en suis sûr, ne reconnaîtrait qui vous êtes. — Puis l'observant bienveillam-

Baudin, «Boris Vian, paradigme d'un nouveau comique en France au milieu du xxᵉ siècle», dans Mongi Madini [dir.], 2000 ans de rire: permanence et modernité, Besançon, Presses universitaires franc-comtoises, 2002, p. 216).

ment, et la tête un peu inclinée : Évidemment je retrouve à travers votre déguisement, en y regardant bien, je ne sais quoi d'ecclésiastique. (*CV*, 156)

En même temps, le vrai apparaît comme un déguisement quand, par exemple, l'abbé Cave fait croire à Amédée que tel porteur de légumes croisé dans la rue est un franc-maçon déguisé qui les surveille. Le faux abbé va même jusqu'à utiliser le vrai pour rendre plus vraisemblable sa fabulation : il montre ainsi à Amédée un journal où est dénoncée l'escroquerie, en prétendant que les escrocs seraient quelques « aigre-fins » qui profiteraient de la situation et avec lesquels on risquerait de les confondre ! (*CV*, 166-167).

Les jeux énonciatifs

En ce qui concerne maintenant les procédés qui portent sur l'énoncia-tion, ils résultent d'un jeu sur la prétendue prise en charge du point de vue (négatif, dans le cas du sarcasme, et positif, dans celui de l'ironie) ou du propos auquel on fait écho (c'est, bien sûr, le cas de la parodie). Nous traiterons successivement de ces trois procédés et de leur rôle dans *Les caves*.

Le sarcasme exagère les traits négatifs au-delà de ce qu'assume le locuteur. Le narrateur des *Caves* utilise ce procédé pour rendre comi-que le voyage d'Amédée à Rome, qu'il représente comme une suite de malheurs : les punaises à Marseille, les puces à Toulon, les moustiques à Gênes, sans conter les boutons qui s'ensuivent (« le lendemain matin son nez, qu'il avait naturellement aquilin, ressemblait à un nez d'ivro-gne ; le bouton du jarret bourgeonnait comme un clou et celui du menton avait pris un aspect volcanique [...] », [*CV*, 136]) ou, encore, les ennuis avec son chapeau qui l'empêche de dormir dans le train :

> [...] dans sa position ordinaire, le bord rigide écartait sa tête de la cloison ; si, pour s'appuyer, il relevait un peu le chapeau, la cloison le précipitait en avant ; lorsque, au contraire, il réprimait le chapeau en arrière, le bord se coinçait alors entre la cloison et sa nuque et le canotier au-dessus de son front se levait comme une soupape. (*CV*, 133)

Avec l'ironie, au contraire, le narrateur met en scène une évaluation positive tout en donnant à entendre qu'il ne la prend pas en charge. Comme catégorie discursive de l'humour, c'est-à-dire inscrite dans un contexte de parole humoristique (car l'ironie, on le sait, peut n'avoir rien de drôle), l'ironie consiste en effet à traiter en termes apparemment valorisants une réalité qu'il s'agit de dévaloriser parce qu'on la considère comme plutôt négative ou, du moins, comme pas aussi positive qu'on le prétend[12]. Par exemple, en décrivant les travaux d'Anthime sur les tropismes :

> Tropismes ! Quelle lumière soudaine émanait de ces syllabes ! Évidemment l'organisme cédait aux mêmes incitations que l'héliotrope [...] Le cosmos se douait d'une bénignité rassurante [...]. Armand-Dubois, chaque jour, à midi, ajoutait de nouveaux chiffres triomphaux. (*CV*, 12-13)

Le narrateur ironise donc, avec humour, sur l'importance de ces travaux, en même temps qu'il reprend certains lieux communs de la méthode expérimentale. L'ironie s'articule ainsi, dans cet exemple, sur la parodie, qui est, nous le verrons maintenant, le procédé énonciatif le plus important des *Caves*.

Le procédé parodique, selon lequel le narrateur fait semblant de prendre en charge (ou met dans la bouche d'un personnage) un propos reconnaissable comme appartenant à un autre discours, joue en effet un rôle essentiel dans ce livre[13]. Le lecteur peut ainsi y déceler plusieurs échos qui font référence à des codes discursifs, littéraires et culturels visés par la parodie. Pour reprendre les termes utilisés par Ruth Amossy[14], on considérera, parmi les cibles auxquelles s'attaque cette énonciation parodique, les lieux communs idéologiques, les poncifs (ou thèmes) littéraires et les stéréotypes (ou clichés) langagiers.

12. Ainsi défini le concept d'ironie est plus large que celui d'antiphrase et ne se limite pas seulement à ce que Genette appelle une « antiphrase positivante » (Gérard Genette, *op. cit.*, p. 202), puisque la litote ou d'autres procédés, à condition qu'ils permettent au locuteur de prétendre professer une attitude valorisante, peuvent être au service de l'ironie en tant que procédé discursif à effet humoristique.

13. Au début du roman le mot « parodie » figure dans un contexte où il ne semble pas naturel (comme une sorte de gauchissement volontaire) et semble indiquer ainsi l'importance de cette dimension parodique de l'œuvre : « [les épaules d'Anthime] se trémoussaient, comme soulevées par un rire profond, irrépressible ; et c'était certes grand-pitié que de voir ce vaste corps à demi perclus occuper à cette parodie le reliquat de ses disponibilités musculaires » (*CV*, 7). Comme le remarque Goulet, le syntagme nominal « cette parodie » renvoie ici au jeu d'épaules d'Anthime et, par conséquent, « il ne s'agit pas de parodie à proprement parler, mais l'auteur, créant son personnage comme pantin, exhibe par le même mouvement sa nature de pantin [...] tout se passe comme si l'œuvre inscrivait à l'actif des personnages son propre processus d'élaboration parodique » (Alain Goulet, *op. cit.*, p. 19-20).

14. Ruth Amossy, *Les idées reçues : sémiologie du stéréotype*, Paris, Nathan, coll. « Le texte à l'œuvre », 1991.

Les cibles de la parodie

À la parodie critique de la méthode expérimentale que nous venons d'illustrer s'ajoute celle des lieux communs idéologiques de la haute bourgeoisie et de la petite aristocratie catholiques, qui ne peut échapper au lecteur. Sous l'ironie, on reconnaît en effet, dans certains énoncés du narrateur, le discours de ces milieux catholiques, dont la grandiloquence et le manque de vérité sont tournés en dérision : « l'âme de Marguerite est taillée dans cette étoffe admirable dont Dieu fait proprement ses martyrs » (*CV*, 28). Souvent le narrateur met ce discours parodié dans la bouche de Julius ; ainsi, quand Anthime accepte, sincèrement résigné, sa misère, argumentant que « les faux biens détournent de Dieu » (*CV*, 124), la réplique de Julius dénonce toute l'hypocrisie de la moralité bourgeoise établie : « Mais enfin ces faux biens vous sont dus. Je consens que l'Église vous enseigne à les mépriser, mais non point qu'elle vous en frustre » (*CV*, 124). La parodie s'attaque également au discours plein d'onction du haut clergé : « Sans doute Armand-Dubois avait été l'objet d'une faveur insigne » (*CV*, 36), un discours que Protos imite dans la longue scène comique, marquée par le pathétique et l'emphase outrée du ton et des attitudes, où il rend visite à la comtesse de Saint-Prix pour lui soutirer de l'argent :

> — Plus de pape est affreux, Madame. Mais, qu'à cela ne tienne : un faux pape est plus affreux encore, car pour dissimuler son crime, que dis-je ? pour inviter l'Église à se démanteler et à se livrer elle-même, la Loge a installé sur le trône pontifical, en place de Léon XIII, je ne sais quel suppôt du Quirinal, quel mannequin, à l'image de leur sainte victime, quel imposteur, auquel, par crainte de nuire au vrai, il nous faut feindre de nous soumettre, devant lequel, enfin, ô honte ! au jubilé s'est incliné la toute entière chrétienté.
> À ces mots le mouchoir qu'il tordait dans ses mains se déchira. (*CV*, 99)

Enfin, le discours de la critique littéraire liée à ces mêmes milieux se trouve également discrédité par la parodie : « [...] souviens-toi de ce que t'a écrit avant-hier M. de Vogüe : "Une plume comme la vôtre défend la France comme une épée" » (*CV*, 46).

Cette sotie gidienne se rattache par là à la tradition médiévale des « sotties », pièces de théâtre où les jeux parodiques étaient mis au service de la critique de certains aspects de la bêtise sociale. Au Moyen Âge, en effet, la période du carnaval permettait de s'arracher aux conventions et même de les renverser à travers des manifestations libératrices comme la fête des fous, origine probable de la sottie médiévale, dans laquelle, comme le souligne Fillaudeau, «subsistent l'aspect festif et carnavalesque du genre, le renversement de valeurs [...][15]».

Une autre parodie non moins engagée est celle qui s'attaque, par le rire, aux poncifs et aux stéréotypes discursifs liés au genre du roman populaire. La construction artificielle délibérée, la combinaison de coïncidences poussée aux limites, en particulier le rapport de parenté entre les personnages, qui relie un peu artificiellement les différentes parties de l'histoire, dénoncent cette parodie : comme dans le genre populaire, tous les chemins mènent à l'intrigue. En outre, les thèmes du roman populaire d'essence mélodramatique (l'enfant illégitime abandonné par son père, la mère morte sans laisser d'argent, les retrouvailles avec le père, le héros sauvant des enfants d'une mort sûre ou rencontrant la jeune fille pure à conquérir) sont systématiquement repris, ce qui donne également au lecteur l'impression du déjà lu, d'autant que le narrateur ne manque pas de souligner ces poncifs : «Lafcadio, mon ami, vous donnez dans le plus banal ; si vous devez tomber amoureux, ne comptez pas sur ma plume pour peindre le désarroi de votre cœur...» (CV, 75). Plus concrètement, la scène du sauvetage convoque tous les topiques du mélodrame («Là sanglotait une pauvresse agenouillée» [CV, 63]) et le narrateur de souligner à nouveau les poncifs : «Lafcadio, mon ami, vous donnez dans le fait divers et ma plume vous abandonne. N'attendez pas que je rapporte les propos interrompus d'une foule, les cris ...» (CV, 63). On retrouve ce même jeu parodique dans la reprise de certains stéréotypes discursifs, comme les questions que se pose un narrateur se mettant à la place du lecteur pour créer des effets de connivence et de suspense : «Quand verrons-nous dépenser pour le bien une aussi sauvage énergie ? Parfois un gémissement échappe à ses lèvres tordues ; ses traits se convulsent. Où le mène sa rage impie?» (CV, 30).

15. Bertrand Fillaudeau, *L'univers ludique d'André Gide : les soties*, Paris, José Corti, 1985, p. 80. Ce rattachement ne saurait effacer toutefois l'écart manifeste entre le genre dramatique médiéval et cette sotie gidienne, qui offre bien des éléments constitutifs du roman, un écart que l'on peut interpréter, à la suite de Maingueneau, comme un nouvel indice de la tonalité comique des *Caves* (Dominique Maingueneau, «Retour sur une catégorie : le genre», dans Jean-Michel Adam, Jean-Blaise Grize et Magid Ali Bouacha (dir.), *Textes et discours : catégories pour l'analyse*, Dijon, Éditions universitaires de Dijon, coll. «Langages», 2004, p. 116). En même temps, en appelant son livre «sotie», Gide prend surtout ses distances par rapport à l'image du roman qui règne dans l'idéologie de son temps et par rapport aux «normes romanesques antérieures ou en cours» (Alain Goulet, *op. cit.*, p. 43).

Il a été souvent remarqué que ce livre a quelque chose du roman de chevalerie à la manière de Cervantès. Différents critiques ont mis en évidence combien les illusions de croisade et de chevalerie d'Amédée contribuent au comique des *Caves*. En effet, les commentaires du narrateur concernant l'état d'esprit de ce personnage semblent être des clins d'œil qui incitent le lecteur à trouver des analogies : « L'importance de sa mission lui surchauffait périlleusement la cervelle » (*CV*, 122). Ces ressemblances confortent l'hypothèse du jeu parodique : comme Cervantès, qui faisait dans son *Don Quichotte* la parodie des livres de chevalerie de son temps, Gide semble faire ici la parodie du roman populaire familier aux lecteurs du début du xxe siècle, une parodie qui est rendue d'autant plus comique que ce livre est également, par certains aspects, un anti-roman populaire, car, si dans ce genre romanesque le coupable est toujours découvert et puni pour son crime, ici les indices laissés par Lafcadio sont systématiquement effacés et l'aveu de son crime à Julius ou le fait que Protos l'ait surpris sont sans conséquences. Ce travail de mise en écho a ainsi un effet comique et, en même temps, critique vis-à-vis du roman populaire. Il exhibe les rouages de la mécanique du genre, provoquant un effet de réflexivité de l'écriture sur ses propres conventions.

Les enjeux de la vraisemblance fictionnelle

Plus généralement, la parodie des procédés de « vraisemblabilisation » utilisés dans l'écrit fictionnel fait apparaître l'artifice et le montage de toute réalité romanesque[16]. Les ressemblances avec le *Quichotte* vont alors plus loin et rejoignent le jeu sur les fausses apparences et, en particulier, sur le réel et le romanesque. Comme le héros de Cervantès, qui confond les livres chevaleresques et la réalité, Amédée, pèlerin lui aussi, est un personnage aveuglé par sa mission héroïque, que l'évidence du réel ne détrompe pas. Comme le Quichotte, qui prend l'aubergiste pour l'alcade d'une forteresse et les deux prostituées pour des demoiselles de haut parage, Amédée prend la patronne de l'hôtel mal famé de Rome pour une honnête aubergiste et les prostituées pour des dames respectables :

---

16. Comme le souligne Goulet, « le livre demeure une parodie de l'inauthenticité, une critique de la cohésion systématique, mais c'est d'abord et avant tout une critique du seul système qui comprend et qui modèle tous les autres : le système esthétique du roman » (Alain Goulet, *op. cit.*, p. 274).

Une dame parut sur le seuil, la patronne de l'auberge apparemment, qui lui sourit d'un air affable. Elle portait un tablier de satin noir, des bracelets, un ruban de taffetas céruléen autour du cou [...]
— Ta valise est montée au troisième, dit-elle à Amédée, qui dans le tutoiement surprit une coutume italienne, ou la connaissance insuffisante du français.
[...] Il n'avait pas plus tôt dépassé le second étage qu'une femme au peignoir béant, aux cheveux défaits, accourue du fond du couloir, le héla.
— Elle me prend pour quelque autre, se dit-il, et il se pressa de monter en détournant les yeux pour ne point la gêner d'avoir été surprise peu vêtue.
(*CV*, 137-138)

Au cours de son étude sur la vraisemblance fictionnelle, Cécile Cavillac[17] distingue deux types de vraisemblance. La première, la pragmatique, concerne la justification du mode d'information du narrateur ; pour l'assurer, celui-ci peut avoir recours à différents procédés, dont le principal, surtout avant que la convention de l'omniscience du narrateur ne se généralise au xixᵉ siècle, consiste à reprendre des récits légendaires ou à assurer que les événements narrés sont des faits historiques relativement mémorables et attestés. Cette vraisemblance est bien souvent incompatible avec la deuxième, la mimétique (ou empirique), qui, se fondant sur la conformité à l'expérience commune, exige de raconter des faits qui ne sont en général ni inscrits dans l'Histoire ni attestés par des témoins et demande donc au narrateur de faire preuve d'omniscience. Comme le montre Cavillac, dans le *Quichotte* de Cervantès, nombre de commentaires adressés à un lecteur conscient de l'illusion fictionnelle visent à mettre au jour cette incompatibilité.

Dans *Les caves*, de nombreux passages sont destinés à dévoiler ces mêmes conventions littéraires. D'une part, certains commentaires du narrateur naturalisent son omniscience et la dénoncent en même temps : « Je voudrais pouvoir assurer que le savant ne goûtait pas un vaniteux plaisir de faux dieux » (*CV*, 11). D'autre part, alors que les événements de cette sotie défient toute vraisemblance, le narrateur s'attache à parodier les procédés destinés à assurer la vraisemblance pragmatique dans le roman populaire et, plus généralement, dans l'écrit fictionnel[18] : tout en reconnaissant que la fiction peut parfois sembler plus réelle que l'histoire, il se porte garant de la véracité des

17. Cécile Cavillac, « Vraisemblance pragmatique et autorité fictionnelle », *Poétique*, vol. 26, n° 101, février 1995, p. 23-46.
18. Le jeu parodique concerne, comme le souligne Fillaudeau, différents « sous-genres du roman » (Bertrand Fillaudeau, *op. cit.*, p. 80 et 91).

faits rapportés, qu'il présente comme connus, apporte des précisions «historiques» et va jusqu'à fournir les références exactes des documents cités à l'appui (*CV*, 96-97). Dans ce sens, le récit que le faux prêtre adresse à la comtesse de Saint-Prix pour lui soutirer l'argent soidisant nécessaire à la délivrance du pape peut être considéré comme une mise en abîme tout à fait gidienne du récit de fiction à effet de réel : afin de rendre son récit vraisemblable, Protos y introduit des précisions sur les noms des personnes et sur les liens de parenté, donne des dates et des lieux exacts et fait appel au savoir de la comtesse («[...] comme le savait certainement la comtesse [...]», *CV*, 100), qui bien entendu n'ose pas avouer son ignorance. Le jeu de déguisements et de fausses identités, dont nous avons souligné le paradoxe comique, met d'ailleurs l'accent, tout au long du livre, sur la confusion entre le faux et le vrai. Comme dans le *Quichotte*, la question «que peut-on croire ?» hante tout le livre sur le mode du jeu, si bien que les personnages des *Caves* ne savent plus à qui se fier.

En somme, en faisant semblant de se plier aux conventions littéraires liées aux effets de vraisemblance pour mieux les montrer du doigt, cette énonciation parodique participe à un processus de déconstruction du discours de fiction qui permet de contrecarrer l'illusion fictionnelle. La critique des conventions romanesques et des stéréotypes du roman populaire s'ajoute ainsi à celle plus politique de l'idéologie de la haute bourgeoisie ou de la petite aristocratie catholiques.

★ ★ ★

Nous voudrions souligner, au terme de ce parcours, la singularité de l'humour des *Caves*, qui est surtout un humour par le jeu énonciatif et, en particulier, par le jeu parodique. Nous avons mis en évidence la portée critique de cet humour à visée éthique, esthétique et politique. Comme nous le disions en commençant, il y a, de la part de tout énonciateur humoristique, une attitude de désengagement. Mais l'humour chez Gide n'est pas neutre[19]. Il révèle, au second degré, la présence d'un

19. Ramon Fernandez, l'un des premiers critiques de Gide, montre l'étroite alliance qu'il y a en général entre la visée critique et l'humour, ainsi que leur association chez Gide : «Il est rare que l'esprit véritablement critique [...] ne détienne pas le secret du comique [...]. Dans toute l'œuvre de Gide je retrouve un comique en puissance, ou si l'on veut un comique possible quoique le plus souvent inutilisé, qui parfois s'affirme juste assez pour faire vibrer légèrement l'idée critique [...]» (Ramon Fernandez, *Gide ou le*

locuteur engagé dont la visée critique s'avère d'autant plus efficace que la parodie invite le lecteur à reconstruire, au terme d'un parcours interprétatif, le discours parodié en même temps que l'attitude parodique. Ce travail d'interprétation renforce la complicité que toute parole humoristique instaure avec le lecteur pour chercher son adhésion et sa connivence ; il se révèle un atout décisif pour faire de l'humour une arme redoutable au service de l'écriture engagée.

L'humour à forte composante parodique des *Caves* sert à débusquer tous les stéréotypes et, en premier lieu, ceux de la moralité bourgeoise bien pensante. À cette prise de position, il faut ajouter l'entreprise critique de parodie du roman populaire et des conventions destinées à parer de crédibilité le récit. Il s'agit là d'une entreprise qui relève du «chantier métafictionnel du roman au XXe siècle[20]», même si on en trouve des manifestations, on l'a vu, dès le *Quichotte*. Elle montre l'engagement de Gide pour une certaine conception de la littérature incompatible avec l'aveuglement du lecteur. Si la vraisemblance consiste à produire des effets de vrai, c'est-à-dire à présenter les faits supposés de telle sorte qu'ils paraissent vrais, la vraisemblance du texte romanesque exige de gommer la fiction et, par là, toute perception de l'artifice du montage textuel[21]. Comme le souligne Grivel, «sa visée est d'empêcher la perception du processus textuel réellement en cause, d'enrayer la prise de conscience[22]». C'est pourquoi la vraisemblance, ajoute Grivel, «engendre l'aveuglement du lecteur quant au fonctionnement réel du livre[23]». Dans *Les caves*, au contraire, les effets de vrai sont contrecarrés par une mise en évidence, sous le mode du jeu, de l'illusion. Gide favorise ainsi, dans ce livre, la double conscience du lecteur, lui laissant voir par endroits le mécanisme de l'art, les marionnettes et le tireur de ficelles, quitte à le captiver ensuite lorsque très vite les personnages

courage de s'engager (éd. Claude Martin), Paris, Klincksieck, coll. «Bibliothèque du XXe siècle», 1985, p. 18).

20. Cécile Cavillac, *loc. cit.*, p. 43.

21. Pour une étude de la façon dont une description de Flaubert parvient également, par des procédés différents, à faire apparaître l'assemblage tout en entretenant l'illusion fictionnelle, voir María Dolores Vivero García, «La pièce (dé)montée. Étude sémantique d'une description de *Madame Bovary*», *Poétique*, n° 146, 2006, p. 155-162. Pour une analyse de ce type d'effets métafictionnels réaffirmant la nature de la réalité esthétique dans une description du roman de Benito Pérez Galdós, *Doña Perfecta*, voir María Dolores Vivero García, *El texto : teoría y análisis lingüístico*, Madrid, Arrecife, 2001, p. 144-149.

22. Charles Grivel, *Production de l'intérêt romanesque. Un état du texte (1870-1880), un essai de construction de sa théorie*, Paris, Mouton, 1973, p. 253.

23. *Idem*.

deviennent vraisemblables et les effets de vrai reprennent le dessus. De cette manière, à travers les effets métafictionnels, l'illusion fictionnelle persiste.

Comme Dostoïevski, à qui il consacre ses « Conférences du Vieux-Colombier[24] », Gide a toujours cherché à faire réfléchir le lecteur en l'obligeant à remettre en question les valeurs admises et les idées reçues. De la critique de la religion et de la famille jusqu'à son engagement en faveur de la révolution soviétique, en passant par la dénonciation de l'exploitation coloniale au Congo, son œuvre s'inscrit dans l'Histoire. Or le système esthétique du roman fait partie intégrante de cette réalité soumise à l'examen de sa vision critique.

Pour ce qui est des *Caves*, on l'aura compris, le plaisir du jeu humoristique n'occulte pas les enjeux de l'humour. En faisant coexister les discours selon cette polyphonie que Bakhtine trouve non seulement chez Dostoïevski, mais aussi dans « les plus grandes figures du roman (*Don Quichotte*, par exemple)[25] », en faisant coexister également l'humour et le sérieux, Gide pose les questions les plus graves et réaffirme la dimension esthétique de l'œuvre d'une façon plaisante, avec ce rire joyeux et positif qui, comme le dit Bakhtine dans la citation donnée en exergue, empêche le sérieux de se figer.

---

24. André Gide, *Dostoïevski*, Paris, Plon, coll. « Critiques », 1923.
25. Mikhaïl Bakhtine, « L'énoncé dans le roman », *Langages*, n° 12, 1968 [1965], p. 129.

En pièces détachées et déplacées.

Frontières, ou Tableaux d'Amérique de Noël Audet

DANIELLE FORGET

> Il y a quelque apparence de faire jugement d'un homme par les plus communs traits de sa vie ; mais, vu la naturelle instabilité de nos mœurs et opinions, il m'a semblé souvent que les bons auteurs mêmes ont tort de s'opiniâtrer à former de nous une constante et solide contexture. (MONTAIGNE, *Les essais*[1])

> De quoi tu te mêles ? Au plus étranger, la palme. L'Amérique vient à bout de tous les exilés. (Patrick COPPENS, *Venez nous serons seuls*[2])

> Le bonheur est ici ; qu'ailleurs se débrouille. (Patrick COPPENS, *Venez nous serons seuls*[3])

Une parole engagée ?

L'engagement, s'il est volontiers associé à des causes de ralliement socialement débattues et ancrées historiquement, concerne en priorité l'individuel où il trouve sa source. C'est cet investissement, variable en force, en intensité, en motivations, qui m'intéressera particulièrement dans cette étude sur *Frontières, ou Tableaux d'Amérique* de Noël Audet[4]. L'implication de soi qui suppose une prise en charge plus ou moins grande de l'individu, un dévoilement qu'il veut rapide ou graduel,

---

1. Michel de Montaigne, *Essais* (éd. Claude Faisant), Paris, Bordas, 1967, p. 90.
2. Patrick Coppens, *Venez nous serons seuls*, Trois-Rivières, Éditions d'art le Sabord, 2001, p. 29.
3. *Ibid.*, p. 42.
4. Noël Audet, *Frontières, ou Tableaux d'Amérique*, Montréal, XYZ éditeur, coll. « Romanichels poche », 2003. Dorénavant désigné à l'aide du sigle *FTA*, suivi du numéro de la page.

renvoie, d'une manière qu'il s'agira de préciser, à la force de conviction ainsi libérée, à la volonté de rendre manifestes ses prises de position et aux conséquences qu'une telle implication entraîne dans la relation entre interlocuteurs, dans leur rapport au monde. C'est donc dire que l'engagement s'appréhende, selon moi, par un biais pragmatique et rhétorique : comme une libération d'énergie vers l'action, contrepartie exécutrice de principes, de positions que le locuteur fait siennes de manière à ce que l'opinion ou le comportement d'autrui, ici le lecteur, en soit idéalement modifié. Cette pragmatique ne saurait s'appréhender sans que l'on fouille l'ancrage sémantique de ces configurations discursives qui façonnent le raisonnement ; c'est là que se révèle l'organisation du sens, même lorsqu'il prend un habillement figuratif. Tout en centrant l'analyse sur les positions énonciatives des énonciateurs marquées d'un arrière-plan sémantique déterminé, il convient de voir comment ces positions s'articulent en situation dans les rapports de force avec autrui, autrement dit, d'investiguer leur inscription rhétorique. Comme Meyer le soutient, la rhétorique puise ses effets dans la joute interactive :

> La rhétorique est la négociation de la distance entre les sujets (*ethos-pathos*) sur une question donnée (*logos*). Le *logos* traduit toujours, qu'il soit « logique » ou non, l'interrogativité de la pensée, et du même coup, ce qui peut diviser certains et rassembler d'autres[5].

L'engagement se détecte par la position énonciative du narrateur ou des personnages envers la « cause » soutenue. On peut, avec la même force et la même volonté de rallier, défendre une prise de position ou s'y opposer ; l'un et l'autre, être « en faveur » ou « contre », peuvent se déployer en engagement. Cependant, le choix d'un entre-deux où l'engagement lui-même, comme acte, est nié mérite qu'on lui accorde une attention particulière : c'est à lui que nous réserverons l'appellation de « désengagement ». Cette posture énonciative est celle d'une mise à l'écart assumée, d'un détachement pratiqué par le narrateur ou le personnage dans son rapport au monde. Le désengagement n'est pas un degré moindre d'engagement à l'égard d'une cause, mais une attitude marquée et construite par la trame narrative, par laquelle l'énonciateur — qu'il soit narrateur ou personnage — ne s'investit pas dans le rôle qui lui revient. Il se place en retrait dans un monde qui pourtant

5. Michel Meyer, *Qu'est-ce que l'argumentation ?*, Paris, Librairie philosophique J. Vrin, coll. « Chemins philosophiques », 2005, p. 42.

le construit et le justifie, défiant souvent les frontières de la fiction pour suggérer au lecteur le regard critique de l'auteur.

Tout lecteur familier avec l'œuvre de Noël Audet apprécie les passerelles qu'il crée entre la vision intime du personnage et les représentations sociales, quand ce n'est pas la fresque politique du pays. *Quand la voile faseille* (1980) opère un retour sur des épisodes passés de Montréal à travers le parcours personnel de l'enfance, *L'ombre de l'épervier* (1988) réveille une vision du pays symbolique qui alerte d'un possible désastre. Dans *L'eau blanche* (1992), des liens sont tissés entre le Nord et le Sud qui mettent en confrontation des idéologies tout en favorisant l'alliance des cultures[6]. Il n'est pas, bien entendu, du rôle de la fiction de démontrer la validité d'une prise de position. Cependant, lorsque plusieurs moyens se déploient au service d'une vision, ils attestent d'une volonté à convaincre de cette vision qu'endosse le narrateur ou personnage, *alter ego* en quelque sorte de l'auteur. Il y a engagement. Et la pertinence de la vision, de l'approche, apparaîtra d'autant plus fortement qu'elle s'organise en points de convergence, comme si la conclusion s'imposait d'elle-même.

Engagement de la part d'un énonciateur et adhésion sollicitée de la part du destinataire lecteur sont deux facettes d'une même pièce. Chez Audet, particulièrement dans le roman qui nous occupe, ces deux facettes ne se confondent pas, cependant, et même ne reçoivent pas toujours un traitement équivalent, ne sont pas toujours également mises en relief. Il importera parfois de les distinguer. Plusieurs procédés sont employés ici. L'objectif central que je me fixe dans cette étude consiste à démontrer les choix d'écriture responsables de l'effet d'engagement et de l'effet de désengagement qui se côtoient dans ce roman. Ils tiennent, semble-t-il, à une exploitation savante du fragmentaire et à l'utilisation, souvent complémentaire, d'une figure à incidence narrative, celle du déplacement.

Déambulation spatiale et position énonciative

Frontières, ou Tableaux d'Amérique, comme son titre le laisse supposer, donne à voir des aspects de vie qui se déroulent sur le continent américain. L'auteur en vient à brosser une image de coins de pays aux cultures différentes, chacun faisant partie d'un grand ensemble continental, si

---

6. Pour une vue d'ensemble des œuvres de Noël Audet, voir l'article de Jacques Allard : « Pour relire Noël Audet », *Voix et images*, vol. XXVIII, n° 1, automne 2002, p. 45-59.

difficile à appréhender dans sa totalité. Le roman est composé de sept microrécits, comportant une héroïne principale, chacune ayant un prénom semblable aux autres, décliné en tant que variantes de Marie, et l'histoire de chacun des récits se déroulant en un point précis du continent américain, du Nord au Sud. Ces Marie rêvent d'un monde nouveau ; elles sont en quête du bonheur à partir de l'idée qu'elles s'en font. Mary Two-Tals habite avec son père dans le Grand Nord. Elle est aux prises avec le modèle d'une mère ayant fui le domicile familial et celui qu'elle se forge alors qu'elle accepte les avances de son père dont elle devient l'amante. À Montréal, Marie Agnelle se débat avec les tourments de l'enfantement ; elle donne naissance à un fils, Jean, dont les problèmes de langage se modèlent aux humeurs de cette mère fragile, insatisfaite et finalement, malade. Dans les plaines de l'Ouest, Mary s'ennuie. Elle voit en Paul son prince charmant, mais finit par l'abandonner, attirée par un autre rêve : prenant la relève de son père, elle s'occupe avec acharnement de la terre. À New York, Mary et Ed vivent un coup de foudre, puis, devant la dérive où va leur union, ils cherchent des paradis artificiels. Quant à Mary Ann de New Orleans, elle est bourrée de complexes. Elle tente de se libérer du modèle maternel auquel elle fait constamment face. Dans le bar achalandé où elle travaille, Mary Ann rêve d'être une autre et de changer de réalité. Maria Moreno est métisse ; elle exerce le métier de couturière. Si les affaires vont bien pendant un temps, elle se retrouve au cœur de tensions avec son père et avec son amant. Le vol n'a pas de secret pour Maria Cristobal de Rio. Malmenée par des relations peu recommandables alors qu'elle croyait améliorer son sort, elle trouve une fin tragique au cours du Carnaval.

Sept destins défilent, abordant un aspect des relations interpersonnelles : les relations amoureuses, filiales ou d'amitié où l'individu lutte pour l'affirmation de son identité et surtout, pour la conquête du bonheur tel qu'il se présente en Amérique. L'engagement est évident, sur le plan des personnages, puisque chaque récit s'articule autour de choix personnels : le rapport entre les moyens et la fin intervient dans l'interprétation à porter sur ces exemples, au sens rhétorique d'*exemplum*, c'est-à-dire d'exemplification de choix de vie. Ainsi, l'acharnement de Mary Smith a provoqué son enlisement dans le champ et causé sa perte. Les orientations choisies devraient garantir les résultats obtenus. Cependant, ces histoires exemplaires ne sont pas sans soulever des questions : les intentions réelles du personnage étaient-elles aussi claires qu'elles en avaient l'air ? Celui-ci avait-t-il vraiment compris les gestes qu'il faisait ? Était-il responsable ? Ces questions, de même que toutes celles qui surgissent dans la lecture, font voir un autre aspect de l'œuvre : la délibération.

La délibération se fait à coup de « promenades », ces portions d'arrière-plan dialogal, où le narrateur se questionne lui-même sur la signification du comportement des Marie et de leur entourage, quand il ne fait pas intervenir un pseudo dialogue entre lui et un douanier. On ne peut passer sous silence les interactions qu'a le voyageur avec ce personnage intrigant qui entre en scène dès l'amorce du parcours. Il lui donnera la répartie, le narrateur justifiant ses affirmations et prévoyant même ses objections :

> [...] Car c'est bien vous l'étranger, non ?
> Il ne faut jamais répondre qu'à demi aux douaniers. Je lui expliquerai donc que si les clients pratiquent la vulgarité sur une haute échelle au bar The Abbey, c'est justement par résistance à la bonne société... (*FTA*, 173)

Dans la *dispositio* d'ensemble du roman, ces promenades suivent chacun des microrécits.

À la trame narrative succède l'argumentation, pourrait-on dire, puisque la délibération constitue une tentative de résoudre un problème en apportant une solution qui fasse l'unanimité. Cependant, des nuances s'imposent. D'abord, ces passages ne sont pas strictement argumentatifs au sens où arguments et conclusions se relaieraient sur le mode clair d'une vérité à apporter. Ici, l'aspect délibératif prend souvent la forme d'une exploration de la vérité sans que cette dernière n'acquière une forme définitive ; une dimension figurative, comme l'entend Fontanier, transparaît souvent : « La Délibération, qu'il ne faut pas confondre avec la Dubitation, consiste à feindre de mettre en question, pour en faire valoir les raisons et les motifs, ce qu'on a déjà décidé ou résolu d'une manière à peu près irrévocable[7] ». L'aller-retour entre les positions concurrentes est manifeste, de même parfois qu'une apparente indécision ou un désir de retarder la conclusion ; ailleurs, il prend l'aspect du paradoxe. Autrement dit, la rhétorique l'emporte souvent, donnant une mesure tout autre à l'engagement. Ensuite, ces réflexions ne sont pas limitées aux passages identifiés comme des « promenades » :

---

7. Pierre Fontanier, *Les figures du discours*, Paris, Flammarion, coll. « Champ linguistique », 1977 [1830], p. 412.

les microrécits ne sont pas dénués d'évaluations, qui sont autant de soulignements du point de vue du narrateur. Dirons-nous que ce point de vue est omniscient? Cela s'avère à peine pertinent dans notre discussion, tant l'omniscience a été présentée explicitement en exorde du roman par l'entremise du personnage voyageur, qui disait de lui-même, avec une pointe d'ironie, «j'invente des vies». Ce rôle d'écrivain-voyageur lui confère alors le pouvoir de s'immiscer dans tous les aspects des histoires qu'il raconte, à plus forte raison de juger au fur et à mesure du récit, des caractéristiques qui ne vont pas sans rappeler l'art du conteur. Le roman se termine sur un court chapitre intitulé «Promenade finale», sorte de réunion d'adieux des Marie et de leurs amis à Rio avant que le narrateur-voyageur ne reprenne l'avion de retour vers le Québec. Cet ultime chapitre confirme l'imbrication de la diégèse avec le commentaire délibératif en les unissant.

En résumé, le roman de Noël Audet dresse des tableaux variés du mode de vie en Amérique et plus spécifiquement de la gestion du bonheur dans les projets de vie personnels. Le bonheur est toujours en tension entre un héritage familial et culturel, une influence du milieu et un rêve à poursuivre. On ne sait pas grand chose du narrateur-voyageur sinon qu'il écrit un livre, comme il nous sera révélé explicitement à la fin, et que ses déplacements sur le continent à visiter ces Marie en divers lieux sont sources d'inspiration et de réflexion sur le monde. Ce livre constitue la mission «officielle» qu'il se donne et dont il se sert auprès du douanier pour justifier le passage des frontières.

L'Amérique

Le titre *Frontières, ou Tableaux d'Amérique*, ajouté à la thématique du voyage qui est présente du début à la fin du roman, laisse croire que des pans de culture seront déployés. Il est indéniable que chaque microrécit construit la vraisemblance d'un milieu de vie. Le Grand Nord et tout le registre lexical, celui des dénominations, sans parler des mœurs évoquées, ne sont évidemment pas ceux du bord de mer tropical de Rio de Janeiro. Ceci n'est cependant pas la matière dominante du roman. Tout en ancrant les personnages sur le sol américain, le propos s'ouvre sur une dimension ontologique, la part universelle des sentiments et passions logés en chacun des individus. De l'Amérique comme continent, on glisse vers une idée de l'Amérique, une vision mythique du continent. Elle habite chacun des personnages.

Les Marie recherchent le bonheur dans l'accomplissement d'un rêve différent pour chacune, mais qu'elles entretiennent toutes, celui de fuir la vie qu'elles mènent ou de se prémunir contre un modèle qu'elles refusent d'endosser. Plutôt que de considérer le réel, elles cultivent un rêve, un avenir qui leur semble idéal, avec des relents de rêve américain.

Ce rêve américain d'un nouveau continent chargé de promesses, Audet en prendra le contre-pied à plusieurs reprises, comme il le fera d'autres mythes — celui du double, du Paradis perdu, de Prométhée — joués en conjonction.

Il y a déplacement du concret, le sol américain parcouru lors du voyage, vers l'abstrait, le rêve américain entretenu par les personnages. Leur recherche du bonheur est une quête ; or, le sens du mot fait appel à l'idée, elle aussi, d'un déplacement vers un objectif au cours d'une certaine durée. Un passage clé au début du roman lie la fascination aux promesses qui engendrent des attentes, mais qui ne seront pas tenues :

> Peut-être à cause de son espace ouvert et lâché, du lisse indéfini de ses glaciers blancs, du vertige de ses canyons jusqu'à l'horreur de ses villes en contre-plongée, en passant par la mornitude de ses plaines, le continent américain propose plus d'objets de fascination qu'il ne peut tenir de promesses. Mais nous l'habitons ce continent, comme des chercheurs d'or aux mains pleines d'engelures, comme des croyants devant une bouche silencieuse. Et nous sommes particulièrement déchirés entre nos rêves et les objets coupants qui nous sont proposés comme moyens d'y accéder. (FTA, 19)

Le mythe de l'Amérique prend une grande importance dans le roman et Noël Audet s'engage systématiquement à en montrer les failles en autant de situations de vie qu'il y a de microrécits. C'est un élément essentiel de l'engagement qu'il poursuit dans cette entreprise romanesque. Ajoutons que l'insertion compositionnelle du mythe dans le roman permet de faire apparaître un trait important du contenu et de la forme.

L'espace joue le rôle d'un *topos* rhétorique. La thématique, mais aussi la structure du roman dans son ensemble, s'appuient sur l'exploitation spatiale, tant sur le plan connotatif que cognitif en ravivant des configurations de sens liées à nos formes communes de conceptualisation. Il m'apparaît essentiel d'insister sur la connivence entre la sémantique et la rhétorique afin de mieux comprendre le déclenchement des effets sur lesquels mise une telle écriture. Mon approche s'inspire des travaux de sémantique cognitive effectués dans la lignée de ceux de George Lakoff et poursuit un traitement que j'ai déjà amorcé dans mes recherches, notamment dans *Figures de pensée, figures de discours*[8]. Dans ce cadre sémantique et rhétorique, des configurations reconnaissables, sous forme de figures par exemple, font appel à nos domaines d'expérience pour construire le sens en condensé, avec une valeur persuasive. Ces biais sémantiques se fondent sur nos perceptions, nos conceptualisations orientées culturellement et créent des associations pouvant tenir lieu de raisonnements, se plaçant sous le sceau de l'évidence. Ainsi «déplacement sur le continent» équivaut à «quête du bonheur». Autre association engendrée : cette recherche ou exploration devient un «parcours outre-frontières» (évoqué, notamment, à partir du titre), non seulement au sens concret de déplacement transnational, mais aussi au sens de dépassement personnel : chercher à aller au-delà de ses limites, des normes sociales dressées. Ailleurs, ce déplacement au-delà des limites personnelles s'exprimera par «l'envol», une manière de filer le sens figuratif de l'espace à parcourir : «Mary Ann ne peut pas expliquer à sa mère qu'elle se sent comme morte. Elle n'a jamais réussi à s'agripper aux rêves qui passaient à sa portée. Elle s'est toujours retrouvée face contre terre malgré ses désirs d'envol» (*FTA*, 174). Ce dépassement ne se fait pas sans heurt ; ainsi en va-t-il de Mary Smith qui se voit dans la peau de Sisyphe :

> À ce moment-là elle ressemble à Sisyphe la première fois qu'il poussait son rocher vers le sommet. Elle se plaint pourtant déjà que les choses se répètent inlassablement — repas, vaisselle, saisons, devoirs —, que c'est toujours la première heure, celle où tout paraît toujours recommencer. Alors elle ressemble à Sisyphe après un nombre indéterminé d'ascensions, suffisamment nombreuses pour lui faire comprendre qu'il ne déplace ni ne conquiert rien d'autre que son propre mouvement. (*FTA*, 84)

Les mythes mis en jeu dans le roman vont contribuer à l'interprétation des récits et plus généralement des comportements humains. Rarement seront-ils transposés de manière figée, mais plutôt adaptés, renouvelés, quand ils ne seront pas critiqués ouvertement comme c'est le cas du mythe de l'Amérique[9]. Un dernier élément, mais non le

---

8. Parmi les études en sémantique, je me réfère principalement à Georges Lakoff, *Women, Fire and Dangerous Things. What Categories Reveal About the Mind*, Chicago, University of Chicago Press, 1987. Voir aussi Danielle Forget, *Figures de pensée, figures du discours*, Québec, Éditions Nota Bene, 2000.

9. Concernant spécifiquement le traitement des mythes, voir : Euridice Figueiredo, «L'entrecroisement des mythes dans la construction de l'américanité de Noël Audet»,

moindre, complète le recours au *topos* de l'espace : celui des promenades, que nous avons mentionné précédemment. Ce type de segment
textuel est un rappel de l'œuvre du compositeur Modest Petrovitch
Moussorgski (1839-1881), axée sur la mouvance des états d'âme, plus
particulièrement des *Tableaux d'une exposition* (1874). Cette pièce a manifestement inspiré la composition du roman, où alternent tableaux et
promenades, c'est-à-dire ces moments d'échanges et de réflexion entre
deux récits. Les questionnements que font surgir les situations de vie
des Marie sont donnés comme des promenades de l'esprit qui cherche
à comprendre. Dans notre imaginaire, « comprendre », et donc avoir
accès au savoir, est généralement appréhendé comme une exploration,
un déplacement vers la vérité : ne dit-on pas « accompagner » ou « suivre » un raisonnement ? Aussi est-il aisé pour le lecteur d'associer ces
promenades à la délibération que contiennent ces segments textuels :
le narrateur revient sur certains points demeurés obscurs, reprend une
conclusion possible du douanier pour mieux y répondre et, ce faisant,
il dévoile toujours un peu plus de ces « tableaux » de vie.

Le passage récurrent des valeurs concrètes aux valeurs abstraites,
où le figuré est sollicité, constitue une caractéristique incontournable
du roman. Le *topos* spatial se répartit en couches d'intelligibilité : le
territoire de l'Amérique, la quête d'un savoir et le dépassement personnel. Fusion, pourrait-on dire, qui facilite l'interprétation, mais aussi
déplacement de sens, quand il influence l'écriture et déstabilise nos
points de repère.

Convergence et décentrement

On s'attendrait à ce que les microrécits dont se compose le roman — et
au-delà, sur un plan plus large, les milieux culturels mis en œuvre à
chaque arrêt du voyageur le long du continent —, puissent être réunis
autour d'un projet, d'une intention : il s'agirait d'un point d'intelligibilité du roman, mais aussi d'un vecteur d'engagement dans le propos
romanesque. Cette unité existe bel et bien ; cependant, elle se trouve
constamment renégociée au cours de la lecture du roman. Les particularités structurelles de ce dernier en sont responsables, ainsi que les
échos qu'elles trouvent dans l'écriture. Fond et forme s'appuient l'un

dans Sandra Regina Goulart Almeida (dir.), *Perspectivas transnacionais*, Belo-Horizonte,
Abecan/UFMG, p. 217-230.

sur l'autre pour créer une déroute, que j'appellerai un déplacement, pour rester dans le sillon du *topos* rhétorique de l'espace parcouru duquel il relève. Le déplacement puise au sens propre l'idée d'un parcours sur le plan spatial, mais renvoie aussi au sens figuré et dérivé de décentrement. Pratiquer un déplacement, c'est conduire le sens sur une voie semblable mais différente de celle ordinaire et attendue, sans perdre de vue cette dernière. Le déplacement devient une figure exploitée dans la texture tant narrative qu'énonciative, comme nous le verrons, et finit par contaminer l'écriture. Le prénom semblable de chacun des personnages principaux de ces microrécits nous met sur la piste : ces Marie sont les facettes d'un même être. Comme le dévoile le narrateur lui-même : elles ont la même âme. Cependant, le rapprochement a beau être explicité — une clé que l'on dévoile —, il reste à en assembler véritablement les points de convergence. C'est à la fois le narratif qui est sollicité pour cette opération (qu'arrive-t-il aux personnages ?) et l'argumentatif (que défend l'auteur/le narrateur ?) obligeant ainsi à revoir l'*inventio* et la *dispositio* en rapport avec la trame narrative.

Les portions narratives ou micro récits entrent en contraste frappant avec les promenades. Dans le premier chapitre, où nous est présenté le malheur de Mary Two-Tals, l'évaluation de la situation se manifeste différemment dans l'une et l'autre composantes. La portion narrative se termine par un jugement sous-jacent qui s'intègre aux pensées mêmes du personnage : la jeune fille entrevoit les limites d'une vie, qui finalement dérive vers la mort : «Elle ne pleure pas, elle sait qu'elle ressemble à une bête que le couteau ouvre dans l'ombre, tout l'espace de son corps sacrifié» (*FTA*, 38).

Suit la première promenade, identifiée comme telle par le titre. Le narrateur se livre d'emblée à un questionnement. Il voudrait «comprendre», nous dit-il. Autrement dit, sans s'autoriser à juger des mœurs sexuelles et de l'amour filial impliqué, il veut tout savoir des motivations de Mary et de son père. L'approche est, à première vue, celle d'un philosophe, sorte de médiateur entre la science et l'expérience. On attend de lui une réflexion empreinte de raison et sans parti pris qui puisse en aveugler les conclusions. Toutefois, on s'aperçoit que l'approche et le mode énonciatif sont empreints de subjectivité. En effet, au-delà de ce *topos* du savoir/déambulation qu'active le terme «promenade», il y a l'écriture qui change de registre, adoptant un régime énonciatif dialogique. Non seulement l'oralité s'immisce, mais des voix autres s'ajoutent. Le narrateur se prémunit contre les objections possibles du douanier — sorte d'objecteur de conscience et de rabat-joie dans les élans idéalistes qu'il manifeste. C'est sous forme de discours fictifs que les énoncés du douanier nous parviennent. Ils font écho à d'autres procédés d'objectivation pratiqués par celui qui veut comprendre : des hypothèses sur ce qu'auraient pu dire ou faire les personnages, autrement que dans le récit livré précédemment. Ainsi, le questionnement est une occasion de mise en scène :

> Il est vrai que Mary Two-Tals aurait pu également, un soir d'extrême lucidité qui n'appartient pas à son âge, planter son couteau dans le cœur d'Idoua Sequaluk et s'étonner ensuite qu'il n'y ait pas plus de bruit dans sa bouche, et si peu de sang sur sa poitrine. (*FTA*, 44)

Ce régime énonciatif sur fond d'hypothèses permet à la narration de prendre pied, redonnant une nouvelle impulsion aux états d'âme de Mary Two-Tals et à leur dévoilement : « Et Mary se demande au même moment "Il est où le Paradis promis ? Au Sud certainement puisqu'il n'y a ici que de la glace !" » (*FTA*, 45).

Les promenades ne pratiquent pas de manière systématique la réflexion à partir d'une extériorité qui serait celle de celui qui n'est pas impliqué et qui reste à l'abri des émotions. Elles entremêlent extériorité et subjectivité, délibération et narration, ceci étant cautionné par un régime énonciatif qui est bien différent des portions narratives en début de chapitres. Les pistes de l'engagement en sont brouillées d'autant.

Le narrateur, plutôt que d'adopter complètement le rôle du philosophe, opte davantage pour la créativité que procure le rôle de l'écrivain[10]. Ses préoccupations, alors, se déplacent : il entrevoit les réactions possibles d'un lecteur. Plus désarçonnant encore : au lieu d'adapter les conclusions aux situations et aux comportements discutés, il pousse l'audace jusqu'à modifier le scénario pour en apprécier les conséquences. Le pouvoir de l'écrivain qui « invente des vies », tel qu'il souhaiterait le dire au douanier, est à prendre au pied de la lettre :

> Je ne peux tout de même pas lui avouer qu'en fait je suis un inventeur de vies virtuelles, que ces vies-là valent bien mieux que la sienne et la mienne réunies, parce qu'elles sont plus significatives, puisqu'elles sont justement faites pour ça, et que la seule façon d'y avoir réellement accès c'est de les inventer. Il ne comprendrait pas. (*FTA*, 15)

10. Le roman peut être abordé sous l'angle métadiégétique. *Cf.* Éva Legrand, « Rêver l'Amérique : pour une lecture de *Frontières, ou Tableaux d'Amérique* de Noël Audet », *Voix et Images*, volume XXVIII, n° 1 (82), automne 2002, p. 71-82.

Ce pouvoir nous est placé ironiquement devant les yeux au fur et à mesure que le roman avance. S'il peut nous arracher, à nous lecteurs, un sourire, nous en retirons aussi l'impression d'une tricherie dont nous sommes les victimes. Et pourquoi s'attendrir sur le sort de ces Marie, si elles sortent ainsi du chapeau du magicien ? Le conteur apparaît avec ses hyperboles et ses artifices qu'il cache à peine :

> Revenons à Mary. Je crois que j'ai exagéré un brin pour boucler mon histoire et lui donner le sens tragique sans lequel il n'y a pas d'histoire. Car on ne s'embarrasse pas des petits drames intimes qui font l'ordinaire de nos vies, sauf quand ils sont portés à l'attention des masses et deviennent exemplaires du destin de tous. (*FTA*, 148)

Il n'y a pas vraiment tromperie, mais déplacement ironique par cette mise en abîme du rôle de l'écrivain narré et narrant tout à la fois, les deux niveaux étant rendus nécessaires et pertinents dans la *dispositio* ainsi élaborée à coup de microrécits et de promenades, deux modes énonciatifs en parallèle qui s'adressent au lecteur.

Au chapitre IV, le narrateur se dissocie du douanier, qui disait avoir prédit le comportement de Mary, par des traits ironiques. « Qu'est-ce qu'il ne faut pas entendre ! », s'exclamera-t-il, avant d'enchaîner sur un constat sévère empruntant au fonds génétique : « Je ne serais pas surpris que les douaniers naissent du croisement d'un flic et d'un juge, à voir à quel point ils sont dépourvus du sens de l'analyse » (*FTA*, 141). Cependant, la suite immédiate est amenée de manière déroutante. On se serait attendu à ce que le narrateur substitue à cette vision prétendue erronée du douanier sa propre vision, cette fois empreinte de bon sens, mais ce n'est pas le cas : « Pour ma part, je comprends que Mary prend de la drogue parce qu'elle n'en a pas besoin — ou plus justement parce qu'elle n'a pas d'autres besoins, puisqu'elle possède tout le reste » (*FTA*, 141).

Le paradoxe est une forme qu'Audet affectionne. Ce procédé réalise un choc de sens, en même temps qu'il bouscule les attentes du lecteur, créant ainsi un double effet à la lecture : sémantique et pragmatique, c'est-à-dire heurtant la logique et déstabilisant l'interprétation. Le narrateur ne se prive pas du paradoxe, enfreignant volontiers les règles qu'il défend et ce pour quoi il prêche. En restera-t-on dans ce non-sens qui nous empêche de délimiter l'engagement réel de l'énonciateur ? Non, dans l'exemple ci-dessus, car les prochains énoncés tisseront une intelligibilité entre les versants de cette rupture, comme l'annonce d'ailleurs le segment parenthétique qui prend figure de commentaire, amorcé par le tiret.

Il y a une symbolique quasi universellement reconnue qui veut que «passer des frontières» signifie «aller au-delà d'un domaine», quel qu'il soit, mais conçu comme étant délimité. Cette symbolique est partout présente dans le roman. Mais dans *Frontières, ou Tableaux d'Amérique*, l'aspect symbolique est, parfois, récupéré par la diégèse : la connotation est expliquée, en situation, de façon à bien faire apparaître la clef de l'interprétation, mais aussi, me semble-t-il, pour souligner l'engagement du narrateur vis-à-vis elle ; ainsi dira-t-il : «Mary se drogue pour passer outre, pour donner plus d'intensité à sa beauté, elle se défonce pour traverser la frontière» *(FTA, 142)*. Le verbe «passer outre» possède une connotation qui est réinvestie dans le concret du déplacement, ainsi que le confirme la substitution par «traverser la frontière». Une métaphore est obtenue qui rattache la situation particulière au sens global, bien sûr, mais surtout qui sert d'évidence aux propos soutenus par le narrateur : elle a un effet persuasif, ce qui confirme qu'une thèse est bel et bien construite par le narrateur qui a choisi de louvoyer plus que d'affirmer.

Ainsi, toute objectivation annoncée par les promenades est susceptible d'être contrecarrée par un ton autre et inattendu : ici, celui d'une spontanéité de l'oral qui doit être rectifié peu à peu dans la pratique de précision de la pensée. La surprise est tant énonciative que logico-sémantique ; mais elle se déploie non pas tant sur l'arrangement diégétique (ce qu'il advient des personnages) que sur le dispositif énonciatif, les jeux de rôles entre les personnages et entre narrateur et lecteur et l'organisation narrative qui prétend céder le pas à l'argumentatif. Il y a déviation des éléments mis en place par le dispositif du roman qui nous oblige à nous recentrer constamment afin d'en arriver à une cohérence globale.

Conclusion

Devant le spectacle du monde, le narrateur-écrivain organise ses idées et interprète. Il met en place le domaine du savoir afin de comprendre de manière éclairée. En même temps, il atteste le rôle de l'écrivain — moins rigoureux peut-être dans son mode de gestion des concepts et dans les mises en relation que ne l'est le philosophe, mais plus puissant, car il exerce toute sa liberté. Celle de mettre en place des réalités qui sont

autant de mondes «meublés» pour reprendre l'expression d'Umberto
Eco[11]. Il y a aussi celle de ne pas tenir ses promesses, de semer le doute
sur les engagements avancés. On pourrait même aller plus loin et voir,
dans *Frontières, ou Tableaux d'Amérique*, l'exercice de la liberté à travers
une écriture séduite par le désengagement : une autre voie que la
dichotomie du pour ou contre, celle qui se développe par accrocs à la
linéarité, par déplacement. Ce dernier exige du lecteur un changement
de niveau — du concret vers l'abstrait, ou du général vers le particulier,
ou encore du dénoté vers le connoté, le figuratif — et donc un effort
supplémentaire d'interprétation qui requiert toute son attention. Le
sens n'est plus linéaire et continu, ce qui fait que recomposer la position énonciative du narrateur, y compris celle de son engagement,
devient problématique.

Chaque aventure d'une Marie, en un lieu précis de l'Amérique, fait
l'objet d'une réflexion, lors des «promenades». Bien qu'il s'en défende,
le narrateur émet des jugements et fait mine de répondre à ceux du
douanier. Le plan narratif gagne alors en expansion au moyen d'hypothèses et de modifications du scénario original. Cela ne va pas sans
répercussions sur le plan argumentatif qui s'en trouve influencé : on
pousse à bout des raisonnements et, du même coup, on remet en cause
l'édifice des valeurs à partir desquelles se fondent nos jugements, une
source indéniable de déstabilisation du lecteur. Cette délibération où
mythes et idées reçues sont mis sur la sellette prend pour prétexte des
récits de vie pour tisser une réflexion sur le bonheur. Le narrateur —
alter ego de l'auteur — ne semble pas prêt à admettre n'importe quelle
assertion sur le bonheur, ni à cautionner n'importe quel comportement. Cependant, et c'est sûrement l'une des manœuvres les plus au
point du roman, le sujet n'est jamais clos et le narrateur semble toujours se dérober, en dépit des solutions qu'il met de l'avant.

Ses questionnements sont rarement suivis de réponses claires et défi-
nitives. L'écriture, comme nous avons cherché à le montrer, entretient
cette fluctuation dans des positions énonciatives basées sur l'implicite,
le figuré, sur une subjectivité qui dit s'exprimer à l'abri de la morale et
de ses schémas figés et récurrents. Ces procédés relèvent plutôt du
désengagement, qui ne se fait ni en faveur d'un tracé vers le bonheur ni
contre, pour laisser venir, plutôt la fluctuation des situations, l'imprévu
du présent. À quoi sert de rêver, comme semblent l'intimer le mythe de

---

11. Umberto Eco, *Lector in fabula*, Paris, Grasset, coll. «Livre de poche», 1985, p. 158.

l'Eldorado, les promesses de l'Amérique ? Les figements dans l'espace
sont remplacés par des déambulations au gré des événements qui ne
manquent pas de survenir, les fixations sur l'avenir présumé meilleur
sont remplacées par la mouvance et l'adaptation qui trouvent leur
pendant dans l'imprévisibilité d'une écriture activant la figure du déplacement. Après tout, n'est-ce pas le propre de la fiction ? Même la fin du
roman laissera subtilement le lecteur sur son appétit : malgré le retour
à la case départ du voyage, malgré l'œuvre de l'écrivain-voyageur écrite
et complétée, le narrateur ne rapporte pas de recette sur le bonheur.
L'œuvre produite au cours de ce périple porte plutôt sur « la recherche
du bonheur » (*FTA*, 262). Il reste toujours cette quête qui n'en finit pas,
ne garantissant aucun succès ; d'où l'importance du présent et de la
fascination, comme rencontre exaltante des possibles.

La mise à l'essai de l'identité culturelle :
Lezama Lima et le discours américaniste

WALTER MOSER

A. Introduction

Né en 1910 et décédé en 1976, José Lezama Lima est un grand intellectuel et auteur cubain. Il est le fondateur de l'importante revue culturelle *Orígenes*, auteur de deux romans (*Paradiso, Oppiano Licario*), de textes poétiques et d'une importante œuvre essayiste. En 1957, peu avant la révolution cubaine, il prononça cinq conférences à la Havane, qui furent par la suite reprises dans la publication intitulée *La expresión americana*[1]. Un de ces cinq textes s'intitule « *La curiosidad barroca* », il fera l'objet de cette étude.

« La curiosité baroque » est un texte tout à fait remarquable dans lequel se croisent et se superposent au moins trois importantes traditions que je me propose de convoquer et d'activer ici afin de pouvoir proposer une lecture critique : 1) le discours de l'*americanismo* ; 2) la théorie du baroque latino-américain ; 3) la tradition de l'essai latino-américain[2].

---

1. Que je citerai ici selon la traduction française de Maria Poumier : *L'expression américaine*, Paris, L'Harmattan, 2001. « La curiosité baroque » est le second texte de ce volume, il occupe les pages 51 à 74. Dorénavant désigné à l'aide des lettres *CB*, suivies du numéro de la page. Les références aux autres textes de *L'expression américaine* seront désignées par les lettres *EA*.

2. Je m'en tiendrai à la désignation « latino-américain » et « Amérique latine », même si des solutions de remplacement ont été proposées — dans la plupart des cas pour éviter les connotations ethnocentriques européennes ou coloniales : « indo-américain », « novo-hispánico », « sud-américain ». Je tiens tout particulièrement à éviter une réduction souvent implicite de « latino-américain » à « hispano-américain ».

I. Le discours de l'*americanismo*

Il s'agit d'un courant de pensée se manifestant discursivement qui vise l'affirmation et la construction d'une identité latino-américaine. Géographiquement parlant, cette identité, dans la plupart des cas, devrait dépasser les frontières nationales, mais n'inclut pas l'Amérique du Nord. Bien au contraire, comme la tradition de ce discours remonte au tournant du xixe au xxe siècle quand les États-Unis commençaient à être perçus comme une puissance impérialiste et, partant, un danger pour cette unité, l'espace nord-américain, le plus souvent, est explicitement exclu de l'identité « americaniste » et même déclaré comme un espace « autre[3] ».

L'identité que l'*americanismo* cherche à construire et à affirmer s'articule dans le domaine culturel, sans exclure toutefois des implications politiques, économiques et sociales. Parfois le culturel a tendance à se rétrécir au domaine de l'art, même plus spécifiquement au champ de la littérature. Mais, il s'agit toujours d'un discours d'auto affirmation et d'émancipation identitaire. Avec tous les glissements possibles que ce genre de discours peut impliquer : une motivation purement réactive quand on réagit moyennant ce discours contre une menace externe ; et une tendance à la crispation essentialiste quand on fait appel à des « substances profondes » pour faire face aux contingences humaines.

C'est dans ce domaine de la construction de l'identité culturelle que se situeront les enjeux d'une dialectique entre engagement et désengagement que je m'apprête à analyser chez Lezama Lima. Il s'agira de montrer que les deux moments de cette dialectique correspondent aux modalités tantôt essentialiste, tantôt stratégique du discours identitaire.

II. La théorie du baroque latino-américain

Comme plusieurs auteurs latino-américains[4], Lezama Lima s'appuie sur le baroque comme un « ingrédient » constitutif de l'identité latino-américaine. Dans « La curiosité baroque », il en fait même l'élément central.

---

3. Par exemple, dans *Ariel* de José Enrique Rodó, l'espace sud-américain est caractérisé par une culture spirituelle, tandis que l'espace nord-américain apparaît comme celui d'un matérialisme vulgaire et agressif.
4. Par exemple Carpentier, Sarduy, Theodoro.

Le baroque[5] est un paradigme esthétique et plus généralement culturel qui se développa du XVIᵉ au XVIIIᵉ siècle dans plusieurs pays européens — surtout en Espagne et en Italie — selon des variantes nationales avec leurs propres particularités. Il a fait l'objet d'une conceptualisation *post factum* dont le plus fort commence dans la seconde moitié du XIXᵉ siècle et se concentre en Allemagne[6]. Il connaît donc une histoire européenne qui est d'ailleurs très agitée dans la longue durée. Elle comprend des phases de dominance, de recul, de disparition, de refoulement et de résurgence. Cette esthétique subit, en Europe, une dévalorisation assez généralisée entre les XVIIIᵉ et XIXᵉ siècles, pour se trouver revalorisée dans la seconde moitié du XXᵉ siècle. Aujourd'hui certains auteurs distinguent entre «baroque» et «néo-baroque»[7], d'autres incluent le baroque de manière générale dans les débats sur le postmodernisme.

Ce que je me permettrai d'appeler ici «l'américanisation» du baroque, constitue presque un paradoxe de l'histoire culturelle. Car, si on admet que le baroque ibérique a commencé par être transféré en Amérique latine dans le ventre des bateaux de la Conquête et de la Colonisation, on est en droit de se demander comment ce paradigme importé par le conquérant et le colonisateur a pu finir par être choisi comme un élément central de l'identité culturelle latino-américaine. Ce processus d'appropriation identitaire du baroque a surtout eu lieu après les indépendances des pays latino-américains qui sont intervenues autour de 1820. C'est dans le contexte de l'*americanismo* du XXᵉ siècle qu'il est devenu décisif pour certains auteurs. Le chercheur doit alors se poser la question de savoir pourquoi le baroque n'a pas été identifié comme un élément culturel étranger, et par conséquent rejeté comme un résidu colonial.

5. Comme je me suis déjà penché dans divers articles sur la question du baroque latino-américain, je me permets d'y renvoyer et de me limiter à exposer la question très schématiquement ici. *Cf.* mes textes «Le baroque : pour faire et défaire les identités culturelles», dans Daniel Castillo Durante et Patrick Imbert (dir.), *L'interculturel au cœur des Amériques*, Ottawa, Legas, coll. «collection des Amériques», 2003, p. 101-118 ; «Du baroque européen et colonial au baroque américain et postcolonial», dans Petra Schumm (dir.), *Barrocos y Modernos : nuevos caminos en la investigación del Barroco iberoamericano*, Frankfurt am Main/Madrid, Vervuert Verlag/Iberoamericana, coll. «Berliner Lateinamerika-Forschungen», 1998, p. 67-82 et mon entrée de dictionnaire «Barock», dans Karlheinz Barck, Martin Fontius, Dieter Schlenstedt et al. (dir.), *Ästhetische Grundbegriffe*, T. I, Stuttgart, J.B. Metzler, 2000, p. 578-618.

6. Je pense en particulier aux contributions de Burckhardt, Cysarz, Weisbach, Worringer, Wölfflin et Benjamin.

7. Surtout Severo Sarduy, *Barroco*, Buenos Aires, Sudamericana, 1974.

III. La tradition de l'essai latino-américain

L'Amérique latine a développé une véritable tradition d'écriture essayiste qui porte sur l'identité latino-américaine. C'est dans cette tradition que je propose d'insérer « La curiosité baroque » de Lezama Lima. J'aimerais en particulier faire valoir qu'il s'agit d'un texte performatif dans lequel nous pouvons observer une relation tout à fait particulière entre ce qu'il dit et ce qu'il fait.

Il s'agit là d'une particularité qu'on ne rencontre pas souvent, car l'ordre des discours de type moderne postule en principe la séparation de théorie et pratique. Il y a un type de discours qui élabore un propos théorique : ce qui compte ce sont alors les contenus sémantiquement affirmés, la somme des contenus propositionnels, le travail de la conceptualisation, l'argument clairement mené. Un autre type de discours insiste davantage sur le *modus operandi* du texte, sur les procédés rhétoriques, sur le choix des figures et des tropes. Certes, tout texte qui avance un propos théorique a aussi un *modus operandi* rhétorique. Mais ce n'est pas dans tous les textes que les deux aspects ou dimensions sont explicitement alignés l'un sur l'autre : ce que le texte théorise, il le met en pratique aussi ; le mode de fonctionnement textuel fait nécessairement l'objet d'une théorisation.

L'histoire des configurations discursives a déjà connu des moments où cet alignement non seulement ne représentait pas une anomalie, mais est devenu un enjeu de poétique. C'est le cas du premier romantisme allemand qui marque justement un moment de révolte contre la discipline moderne de la différentiation fonctionnelle et formelle des discours. Ainsi Friedrich Schlegel (dans son *Entretien sur la poésie*[8]) et Novalis (dans son *Brouillon général*[9]) postulaient-ils que, d'une part, chaque œuvre poétique devait énoncer sa propre formule, c'est-à-dire la logique matricielle de sa propre génération, et d'autre part, que toute théorie de la poésie devait elle-même être poétique. Ce principe de la non-séparation des discours est redevenu admissible de nos jours. On le retrouve dans la stratégie critique déconstructive et dans toutes sortes de formes d'écriture de type théorie-fiction et méta-fiction.

---

8. Friedrich Schlegel, « Entretien sur la poésie », dans Philippe Lacoue-Labarthe et Jean-Luc Nancy, *L'absolu littéraire : théorie de la littérature du romantisme allemand*, Paris, Seuil, 1978, pp 289-340.

9. Novalis (Friedrich von Hardenberg), *L'encyclopédie : notes et fragments* (éd. et trad. de Maurice de Candillac), Paris, Minuit, 1966.

L'essai, en tant que genre, comporte cette non-séparation de manière constitutive. Il est toutefois, en principe, moins performatif que mélangé. C'est dire qu'il ne met pas nécessairement dans le même texte en pratique ce qu'il théorise, mais il combine les caractéristiques des discours de type conceptuel-argumentatif avec celles des discours de type poétique et littéraire. L'essai est un discours de l'entre-deux, un espace discursif du tiers inclus.

Ainsi, dans la tradition du genre essayiste — qui commence chez Montaigne, connaît un moment fort dans la Vienne au tournant du XXe siècle, avec Musil et Broch, et s'est attiré des théorisations canoniques chez Lukacs et Adorno —, l'essai sera traité ici comme un genre intermédiaire. Il est constitutivement hybride : ni un véritable texte philosophique, ni un véritable texte poétique. Mais il tient du discours philosophique et théorique la rigueur argumentative, le travail des concepts, la recherche d'une vérité universelle tout en affirmant, du discours littéraire, le recours aux espaces imaginaires, à la logique fictionnelle et surtout la présence subjective de l'instance énonciatrice.

Du moins est-ce dans ce sens que j'aimerais maintenant proposer une lecture de cet essai de Lezama Lima, afin de montrer comment son auteur pratique le genre essayiste pour complexifier le discours américaniste.

IV. Une distinction opératoire et une hypothèse

J'introduirai, au départ de cet exercice de lecture critique, une distinction opératoire entre la théorie culturelle et la pratique textuelle. Je réunirai sous «théorie culturelle» ce que dit le texte sur la culture latino-américaine, c'est-à-dire l'ensemble des contenus propositionnels sur cette culture. Nous verrons qu'il s'agit essentiellement d'une théorie du transfert du baroque en Amérique latine. Sous «pratique textuelle», je réunis ce que fait le texte : sa manière de procéder, les éléments discursifs d'énonciation, la figuration, entre autres.

L'hypothèse qui me guidera : ce texte n'est pas «simplement» performatif à la manière dont le postulent les romantiques allemands (le texte poétique doit faire ce qu'il dit et dire ce qu'il fait). Il introduit une relation conflictuelle entre le dire et le faire. La théorie culturelle peut être contredite et complétée par la pratique textuelle. Il se produit de la sorte une complexité dont on ne saurait faire abstraction en établissant ce que «dit Lezama Lima» dans ce texte.

B. Analyse et lecture critique de «La curiosité baroque»

I. Trois intertextes structurants

Trois intertextes ont un effet structurant dans l'essai de Lezama Lima, parce qu'ils contribuent plus profondément au fonctionnement du texte qu'une simple référence latérale, que des allusions dont le cumul tisserait un réseau de relations reliant le texte de l'auteur cubain à une encyclopédie culturelle universaliste. Cela aussi existe dans ce texte, comme d'ailleurs dans tous les textes de Lezama Lima qui est un auteur extrêmement cultivé, et je le mentionnerai ici et là sans en faire un objet d'analyse particulier. Je me concentrerai sur ces trois textes dont la présence codétermine l'argument du texte à un niveau assez profond.

1. Un intertexte négatif : Hegel

Ce texte de Lezama Lima a un *primus movens* négatif important : le philosophe allemand Hegel et plus particulièrement ses *Cours sur la philosophie de l'histoire* qui datent de 1822-1831[10]. À en juger par le dernier essai de *L'expression américaine*, intitulé «Sommes critiques de l'Américain», où Lezama Lima rend son antagonisme avec Hegel explicite, ce texte est écrit contre Hegel. Au niveau profond de sa raison d'être même, il se veut une réfutation de Hegel. Nous touchons ici à un trait de stratégie discursive que Lezama a en commun avec beaucoup d'auteurs américanistes : on construit l'identité américaine contre une contestation extérieure. C'est une entreprise fondamentalement réactive.

Le reproche fait à Hegel d'une «scandaleuse incompréhension» (*EA*, 133) par rapport à l'Amérique se réfère aux fameuses sept ou huit pages dans lesquelles le philosophe allemand, en fait, exclut l'Amérique latine de toute participation à l'Histoire universelle. C'est contre ce scandale, également, qu'est écrite «La curiosité baroque», même si l'intertexte hégélien n'y apparaît pas explicitement. C'est là aussi que réside, entre autres, la motivation négative pour l'engagement américain de Lezama Lima.

---

10. Georg Wilhelm Friedrich Hegel, *Vorlesungen über die Philosophie der Geschichte*, Frankfurt am Main, Suhrkamp, 1986, en particulier p. 108-114.

2. Un intertexte positif : Spengler

Le *Déclin de l'occident* d'Oswald Spengler[11] est un autre intertexte important dans «La curiosité baroque». Encore une fois, c'est un intertexte qui n'est pas explicitement présent à la surface du texte, mais il est d'une grande efficacité structurante. Contrairement à celui de Hegel, il structure positivement l'essai de Lezama Lima. Je suis d'avis que notre auteur reproduit de manière opératoire certaines idées et certains arguments empruntés à Spengler.

Selon l'approche morphologico-organique de Spengler à l'histoire culturelle, les grandes cultures sont des configurations morphologiques dont l'évolution est de nature cyclique. C'est en ceci qu'elles peuvent être pensées par analogie avec des êtres vivants. Quand une grande culture arrive à la fin de son cycle, elle commence à montrer des signes d'épuisement et de décadence. C'est à ce moment précis qu'une autre grande culture commence son cycle ailleurs. Chez Lezama, la culture européenne occupera, selon ce schéma spenglerien, la place de la grande culture en déclin, tandis que l'émergence de la nouvelle grande culture se situe en Amérique latine.

3. Un intertexte ressource :
Antología poética en honor de Góngora

Le troisième intertexte structurant est l'anthologie poétique que Gerardo Diego, de la génération de 1927, publia en Espagne en 1927. Il s'agit d'une anthologie en l'honneur de Góngora, préparée à l'occasion du tricentenaire de la mort du poète espagnol. Luís de Góngora est l'un des plus grands poètes espagnols de l'époque baroque. Et il était sans aucun doute un des modèles poétiques de Lezama Lima, par exemple dans son poème *Muerte de Narciso*, publié en 1936.

Avec cet intertexte, on touche au cœur de la question du baroque et en même temps à la question de son transfert en Amérique latine. Et ceci à deux niveaux historiques : le XVIIe siècle où l'Amérique latine était une colonie ibérique, et le XXe siècle, quand l'écrivain Lezama Lima, dans un Cuba indépendant depuis plus de 200 ans, s'inspire du grand poète continental 300 ans après sa mort. Lezama Lima se servira de cet intertexte comme d'un livre ressource d'où il prélèvera des

---

11. Oswald Spengler, *Der Untergang des Abendlandes : Umrisse einer Morphologie der Weltgeschichte*, Vienne, Braumüller, 1918 et Munich, C.H. Beck, 1922.

morceaux poétiques pour construire un montage textuel qui occupera la partie centrale de son propre essai.

II. La théorie culturelle dans « La curiosité baroque »

Commençons par recueillir les éléments de ce que j'appelle ici[12] la théorie culturelle telle qu'exposée par Lezama Lima dans ce texte. Il s'agit essentiellement de sa construction d'une identité culturelle latino-américaine, selon le programme du discours de l'*americanismo*. C'est dans cette construction qu'il s'engage résolument pour une « américanité » à laquelle il s'identifie lui-même.

Je distinguerai trois éléments dont la combinaison et l'interaction peuvent tenir lieu de théorie culturelle. Le premier est la position américaniste, le second l'articulation d'un important transfert culturel qui est à sa base et le troisième sa conceptualisation du baroque latino-américain.

1. Americanismo : quelle Amérique ?

Dans cet essai, Lezama Lima met le toponyme « América » en discours de deux manières différentes. Sur le plan de la revendication, il est maximaliste. Son usage de ce toponyme est en fait totalisant, il inclut en principe tout le continent, tant la partie Sud que la partie Nord. Dans un premier temps, donc, sa construction identitaire — toujours au singulier : on cherche à définir l'identité culturelle de toute l'Amérique — est radicalement inclusive. Il propose notamment d'inclure dans son « baroque américain » l'écrivain sudiste William Faulkner. On le voit donc engagé dans une opération tout aussi idéologique et conceptuellement impérialiste que celle que les Latino-Américains ne cessent de reprocher aux États-Unis qui usurpent le toponyme « America » en se référant à leur propre pays.

Sa construction empirique de l'Amérique — celle que l'on obtient en réunissant tous les exemples concrets qu'il donne pour illustrer ses propos théoriques — est toutefois bien différente de celle qui apparaît dans sa revendication. En colligeant tous les noms d'artistes et d'œuvres analysées par lui, on est amené à circonscrire une aire culturelle bien plus restreinte, qui inclut le Mexique, le Pérou, la Colombie et Cuba.

---

12. Avec un peu de grandiloquence il est vrai.

Sont donc exclus de cette Amérique *de facto* toute l'Amérique Centrale et le cône sud du continent. Le Brésil est un cas à part : bien que le sculpteur brésilien appelé Alejadinho joue un rôle de figure de proue dans la théorie lezamienne, le Brésil y est par ailleurs pratiquement inexistant, en plus d'être encore assimilé au monde hispanophone[13]. L'Amérique, telle que la construit empiriquement le texte, est donc une Amérique à dominance hispanophone. Son extension géographique comprend presque exclusivement des zones tropicales. Elle est hiérarchiquement structurée du point de vue sociologique et caractérisée par un style de vie tropical marqué par la richesse et l'excès. Étonnamment, on reconnaît ici la configuration stéréotypée et exotisante d'une Amérique (du Sud) tropicale et exubérante que les représentations européennes véhiculaient depuis les premières allégorisations et depuis les premiers récits de voyage en Amérique du Sud.

2. Le transfert culturel

La culture américaine tant célébrée, l'américanité tellement recherchée, l'importance du rôle qu'elles doivent jouer dans l'histoire universelle, tout cela résulte, selon Lezama Lima, d'un important processus de transfert culturel. Contrairement à des auteurs dont la ferveur américaniste va si loin qu'ils fondent le baroque dans les cultures précolombiennes, notre auteur reconnaît le transfert, qu'il le situe et document historiquement :

> Après la Renaissance, l'histoire de l'Espagne se transporta en Amérique et le baroque américain se dresse prééminent au-dessus des travaux architectoniques de José de Churriguera et de Narciso Tomé. (*CB*, 68)

C'est dans un passage comme celui-ci que s'active l'intertexte spenglerien. Si on le combine avec d'autres passages du même essai, on reconnaît facilement le grand récit de Spengler, appliqué, plus spécifiquement à la relation entre l'Europe et l'Amérique, entre l'Ancien Monde et le Nouveau Monde. Ce grand récit s'articule en quatre

---

13. Lezama Lima s'intéresse essentiellement à ce qu'il appelle « L'Amérique espagnole » (*CB*, 52) et a tendance à y assimiler le Brésil, servant en ceci de modèle à une tendance lourde dans les études latino-américaines qui a dominé jusqu'à l'apparition d'identités régionales, surtout à la suite de la création du Mercosur, qui reconnaissent davantage les disparités culturelles et langagières. Même le héros culturel brésilien Alejadinho est assimilé à ce que Lezama Lima appelle « lo hispánico » : « en lui nous considérons le lusitanien comme formant partie de l'hispanique » (*CB*, 74).

moments. Dans le premier, la vieille culture s'affaiblit, sa force vitale s'épuise : il est question d'une perte de force et d'énergie culturelle qui mène à la mort. Dans le second moment, l'activité culturelle se déplace vers l'Amérique, ce qui peut être combiné avec un transfert — matériel et spirituel — de l'héritage culturel européen, qui inclut des objets d'art, des matériaux culturels, des formes, des représentations, même des manières de penser ou une vision du monde. Survient en troisième lieu une rivalité entre les deux cultures : la nouvelle et jeune culture atteint un niveau d'égalité avec l'ancienne. Le dernier moment du transfert est celui où la nouvelle culture, tout en intégrant et assimilant des éléments de l'ancienne, réussit à la dépasser et à atteindre un statut de supériorité.

Lezama Lima retracera ce processus de transfert surtout dans la tradition gongorine de la poésie baroque et dans l'œuvre de l'auteur mexicaine Sor Juana Inés de la Cruz. Mais aussi dans l'art sacré des artistes américains, les figures emblématiques, dans ce domaine, étant pour lui «l'indien Kondori» et le métis brésilien Francisco de Lisboa, appelé Alejadinho.

On trouve les affirmations de la rivalité culturelle entre l'Europe et l'Amérique dispersées à travers le texte de «La curiosité baroque». En voici quelques exemples :

L'Indien Kondori fut le premier qui, dans la maîtrise des formes, parvint par le traitement d'un style à égalité avec les Européens. (*CB*, 72)

Ses portails de pierre rivalisent en prolifération et en qualité avec les meilleurs du baroque européen. (*CB*, 71)

[...] nous découvrons que nous pouvons nous approcher des manifestations de tout style sans complexe et sans trébuchement. (*CB*, 72)

La dernière phase de ce processus de transfert, la supériorité de la culture américaine, est elle aussi affirmée par Lezama Lima, encore une fois dans divers domaines de l'activité culturelle :

À notre avis le gongorisme américain dépassa son contenu verbal. (*CB*, 58)

Même dans l'Espagne de ses [c'est-à-dire Carlos Sigüenza y Góngora[14]] jours, on ne saurait trouver qui le dépasse. (*CB*, 59)

Juana Inés de la Cruz atteint sa plénitude et la plénitude de la langue poétique à son époque. C'est la première fois que dans la langue, une figure américaine occupe un lieu de prééminence. (*CB*, 63)

---

14. Il s'agit du scientifique, poète et écrivain mexicain qui vécut de 1645 à 1700.

Dans le Narcisse de notre Américaine [c'est-à-dire Sor Juana Inés de la Cruz], on dirait que le choc de vieilles cultures avait augmenté le rendement spirituel des anciennes divinités. (*CB*, 67) Le grand exploit du baroque américain, qui n'a pas à vrai dire encore été égalé de nos jours, est celui du Quechua Kondori. (*CB*, 71) C'est la preuve la plus décisive, lorsqu'un spécialiste de la forme reçoit un style d'une grande tradition, et que, loin de l'affaiblir, il le restitue grandi. (*CB*, 73)

C'est ici que s'exprime de la manière la plus univoque, l'adhésion de Lezama Lima à l'identité américaniste qu'il contribue à construire. Et c'est dans ces passages que s'exprime sans ambages sa fierté américaine, et donc son engagement pour la cause qu'il défend.

3. La théorie du baroque

Par ce texte, Lezama Lima adhère sans réserve à la thèse qui fait du baroque le trait principal de la culture américaine. Selon cette thèse, le baroque occupe une centralité absolue dans la culture latino-américaine et apparaît alors comme l'élément identificateur par excellence. Avant de montrer comment notre auteur s'insère dans la riche tradition du débat sur le baroque, je tiens à distinguer, très schématiquement, deux attitudes discursives dans ce débat.

D'une part, il y a l'attitude essentialiste. Elle consiste à affirmer que le baroque est déterminé par une essence propre à l'Amérique. Le paradigme culturel du baroque se déduirait ainsi d'un «être américain». Sa nécessité et sa naturalité en viendraient de la sorte à se loger au niveau d'une ontologie profonde. Les auteurs qui adoptent cette attitude ont recours à des éléments discursifs tels que «l'homme américain», «l'âme américaine», «la nature américaine», «la mentalité américaine», «la race (métisse) américaine» pour en faire découler le baroque comme une nécessité culturelle. Le jeu déterministe entre ces entités discursives produit un baroque atemporel et ahistorique comme il se reflète dans l'affirmation de Carpentier, un autre représentant cubain de l'*americanismo* : «*América, continente de simbiosis, de mutaciones, de vibraciones, de mestizajes fué barroca desde siempre*[15]» (L'Amérique,

---

15. Alejo Carpentier, «Lo barroco y lo real maravilloso», dans Alejo Carpentier, *Razón de Ser*, La Havane, Letras Cubanas, coll. «colección crítica», 1980, p. 51.

continent de symbioses, de mutations, de vibrations, de métissages, a été baroque depuis toujours).

D'autre part, il y a l'attitude stratégique. Elle consiste à renoncer à toute détermination ontologique du fait culturel et à affirmer que le paradigme baroque n'existe que comme phénomène historique. De ce fait, il est sujet à des appropriations et à des transferts, processus qui ne vont pas sans des relations de force et de pouvoir. Cette attitude reconnaît que le baroque peut être articulé à partir de diverses positions géographiques, politiques, idéologiques et alors fixé théoriquement à partir d'intérêts de connaissance spécifiques pour chaque situation où l'on use de ce terme et concept. Le baroque devient un terme de combat qu'on utilise de manière stratégique.

« La curiosité baroque » de Lezama Lima m'apparaît proposer une combinaison très complexe des deux attitudes ainsi distinguées dans le baroque américain. Ces deux attitudes correspondent, *grosso modo*, avec la théorie culturelle (fortement essentialiste) et la pratique textuelle (fortement stratégique).

a) La dimension historique

Le baroque est d'abord défini de manière historique. Lezama Lima établit un *terminus post quem* très clair :

> Ce seigneur baroque américain, le premier à être authentiquement installé dans ce qui nous est propre, [...] apparaît une fois qu'ont reculé les tumultes de la conquête et de la parcellisation du paysage par le colonisateur. (*CB*, 53)

Le baroque en Amérique serait donc un phénomène culturel postérieur à la conquête. De la sorte, nous entrons dans le champ conceptuel du « *barroco de Indias* » qui désigne globalement le baroque colonial en Amérique latine[16]. En partant de ce seuil historique, cependant, Lezama Lima donne au baroque une extension historique presque sans limites, et ceci, sans interruption. Contrairement à ce qui est le cas dans l'histoire culturelle européenne où le baroque connaît un parcours très intermittent avec des périodes fortes, mais aussi des périodes de dispa-

---

16. Et qui est devenu un objet de recherche auquel des chercheurs spécialisés ont consacré leur travaux, entre autres : Mabel Moraña (dir.), *Relecturas del Barroco de Indias*, Hanover, Ediciones del Norte, 1994 ; John Beverley, *Una modernidad obsoleta : estudios sobre el barroco*, Los Teques, Fondo Editorial A.L.E.M., 1997 ; Janice Theodoro, *América barroca : tema e variações*, Rio de Janeiro / São Paulo, Edusp / Nova Fronteira, 1992.

rition et de résurgence[17], Lima lui accorde en Amérique une continuité sans failles. Ainsi couvre-t-il — tout à l'opposé de certaines perceptions européennes — l'époque et l'esprit des Lumières[18], le temps des luttes d'indépendance avec leurs idéologies émancipatoires et révolutionnaires. Finalement, malgré sa détermination historique post-conquête, il récupère rétroactivement aussi la période précolombienne en parlant des « réminiscences des temps incaïques » (CB, 54). Ainsi, une première attitude de conceptualisation historique cède le pas à une approche plus essentialiste qui rend le baroque spatio-temporellement omniprésent en Amérique.

b) La dimension agonistique

Le paradigme baroque est par ailleurs entraîné dans une espèce de guerre culturelle qui n'est pas sans anticiper certains aspects du « clash of civilizations » de Huntington[19]. Ayant commencé après la conquête, il peut justement devenir un instrument culturel de « contre-conquête » : « En reprenant la phrase de Weisbach, et en l'adaptant au fait américain, nous pouvons dire que chez nous le baroque fut un art de la Contre-Conquista » (CB, 52).

C'est en fait Weisbach qui, en 1921[20], a défini le baroque comme l'art de la contre-réforme. Lezama Lima maintient le préfixe « contre- » mais en faisant subir un changement radical à la formule de Weisbach, changement qui comporte carrément une inversion idéologique. Le baroque ne renvoie plus, désormais, à un mouvement politiquement réactionnaire et conservateur : la contre-réforme et l'inquisition. Il désigne, au contraire, un mouvement d'émancipation et de libération par rapport aux figures du conquérant et du colonisateur.

Dans cette Contre-Conquista se superposent deux aires sémantiques. La première, littérale, construit un signifié militaire qui implique

17. Cf. à ce sujet le volume collectif que j'ai coédité avec Nicolas Goyer : Résurgences baroques, Bruxelles, Éditions de La Lettre Volée, 2001.

18. Déjà avec le terme-titre « curiosité », Lezama Lima semble aller de ce côté, à en croire Hans Blumenberg qui fait de la curiosité le movens fondamental de l'activité scientifique moderne (Der Prozess der theoretischen Neugierde, Frankfurt am Main, Suhrkamp, 1973). Mais, il fait surtout de Sor Juana Inés de la Cruz un véritable emblème baroque de l'activité scientifique.

19. Samuel Huntington, The Clash of Civilizations and the Remaking of World Order, New York, Simon & Schuster, 1996.

20. Werner Weisbach, Der Barock als Kunst der Gegenreformation, Berlin, Paul Cassirer, 1921.

pouvoir et violence. Narrativisé, ce sens comporte les phases d'un processus qui commence par une situation de domination par un conquérant, déclenche une rébellion contre cette force, atteint l'égalité des forces et finit par l'emporter sur elle. La seconde, figurée, renvoie à une situation de domination culturelle. Narrativisée, elle suggère un processus d'inversion d'une relation de pouvoir en termes culturels entre dominant et dominé, centre et périphérie. Et elle marque la fin d'une colonisation culturelle unilatérale et le début d'une relation de retour du pendule entre l'Europe et l'Amérique : « la réciproque influence américaine sur l'hispanité » (*CB*, 63).

c) Le caractère inclusif

La description empirique du baroque chez Lezama Lima est extrêmement inclusive. Elle nous dit ce qui entre phénoménalement dans le concept « baroque ». Plusieurs cercles d'application concentrique peuvent être distingués. Dans son cercle le plus étroit le baroque est un phénomène artistique, incluant la littérature — surtout la poésie — mais aussi l'architecture, la sculpture, la peinture et la musique. Le second cercle comprend des phénomènes culturels plus étendus, tels que mentalité, sensibilité, style de vie. Ici, la culture baroque saute au populaire et Lezama Lima contredit les théories surtout européennes qui font du baroque un art d'élite et de la cour dans une société encore largement féodale[21]. Le troisième cercle est celui de l'inclusion sociale : tous les membres de la société américaine participent du baroque, surtout pensé comme un style de vie, mais cette société est hiérarchiquement organisée. Cette hiérarchie est dominée par la figure à la fois littérale et imaginaire de « *nuestro señor barroco* » (notre seigneur baroque) qui est présente dans toute l'étendue du texte. On pourrait ajouter un quatrième cercle d'intégration, historico-idéologique celui-ci. Le baroque comprend tant le prémoderne, l'irrationnel et le mythique que le moderne avec sa rationalité.

Le résultat de cette conceptualisation inclusive est un concept très totalisant et syncrétique. Bien que limité par un commencement historique, le concept est ensuite soumis à une telle expansion sémantique que cela fait exploser toute délimitation dans un geste de totalisation

---

21. Déjà José Antonio Maravall avait corrigé cette conceptualisation du baroque en introduisant carrément une culture de masse baroque (*La cultura del barroco*, Madrid, Ariel, 1975).

discursive. La conséquence en est double. D'une part, le concept devient épistémiquement de plus en plus faible. D'autre part, il gagne en force agonistique. Au fur et à mesure que sa valeur cognitive s'amenuise et qu'il perd de pouvoir explicatif, sa valeur combative s'affermit.

C'est ainsi que ce texte, en se servant du baroque, légitime sa revendication d'une identité culturelle américaine. Un premier coup d'œil du côté de la pratique textuelle corroborera cette perception. Deux éléments contribuent à la combativité identitaire. D'abord la figuration anthropomorphisante du baroque dans le personnage quelque peu mythique de «notre seigneur baroque»: «Le premier Américain qui surgit en dominateur de ses richesses est notre seigneur baroque» (*CB*, 52). Grâce à la fréquence de son apparition[22] et grâce à la variation de ses mises en texte, cette figure produit un effet d'intégration majeure, d'autant plus qu'elle mobilise des connotations à la fois politiques (le seigneur comme supérieur hiérarchique dans un système féodal, mais aussi comme souverain en tant que chef) et religieuses (le seigneur en tant que patron et protecteur).

Ensuite, ce sont les marques explicites d'énonciation qui intensifient la construction d'identité. Ici, la marque qui se détache est l'usage de la première personne du pluriel comme instance d'énonciation collective: nous, notre, nôtre. Cette insistance sur le nous renforce l'effet identitaire qui soude l'énonciateur à l'énoncé. En même temps, ses formes adjectivales (nôtre) comportent une revendication de propriété et d'appropriation très forte. On retrouve ainsi chez Lezama Lima un trait qui traverse tout le discours américaniste.

d) La définition positive

Sur le plan de la conceptualisation proprement dite, Lezama Lima propose une définition positive du baroque américain qu'il fait contraster avec une définition négative du baroque européen:

> Voici les modalités que nous pourrions signaler dans un baroque européen: accumulation sans tension et asymétrie sans plutonisme dérivées d'une façon de s'approcher du baroque sans oublier le gothique, et de cette définition coupante de Worringer: «Le baroque est un gothique dégénéré». Notre appréciation du baroque américain est destinée à souligner, premièrement, la présence d'une tension dans le baroque; deuxièmement

---

22. J'ai compté huit occurrences de ce syntagme dans le texte.

un certain plutonisme, feu originaire qui rompt les fragments et les unifie ;
troisièmement le fait que ce n'est pas un style dégénérescent, mais plé-
nier… (*CB*, 52)

Le baroque américain est ainsi saisi avec trois éléments définitoires qui
s'opposent de façon antithétique au baroque européen et qui lui accor-
dent un avantage positif sur celui-ci : il s'agit du plutonisme, de la
tension et de la plénitude. Je reconnais ici le travail en sous-main de
l'intertexte spenglerien.

Déjà en ce qui concerne la définition, on observe donc une tension
entre le premier et le deuxième éléments, la tension et la plénitude.
C'est que, sur le plan sémantique, ces deux éléments comportent une
opposition qui pourrait même les amener à s'exclure réciproquement.
L'action du plutonisme a pour effet d'effacer et d'éliminer les tensions,
tandis que l'affirmation de la tension exclut le plutonisme. La définition comporte donc déjà une application de la tension, puisque, entre
«plutonisme» et «tension» s'établit en quelque sorte une tension de
deuxième degré.

Le plutonisme est l'élément le plus surprenant et le plus étrange à
entrer dans la définition du baroque. Mais il joue un rôle clé dans la
construction de l'identité américaine et donc dans l'engagement de
Lezama Lima pour cette identité. L'affirmation de ce plutonisme
constitue à mon sens le moment le plus essentialiste de tout le texte. Il
renforce de manière bien spenglerienne l'appropriation américaine du
baroque par notre auteur.

Nous rencontrons ce plutonisme à plusieurs reprises à la surface du
texte, c'est-à-dire comme élément sémantiquement explicite. Il apparaît le plus souvent en position de sujet grammatical, ce qui lui attribue
automatiquement une force d'action (*agency*) :

> Un certain plutonisme[23], feu originaire qui rompt les fragments et les uni-
> fie. (*CB*, 52)

> Nous voyons que, s'ajoutant à cette tension, il y a un plutonisme qui
> consume les fragments et les pousse, désormais métamorphosés, vers leur
> achèvement. Dans les travaux précieux de l'Indien Kondori, dans le feu
> originaire dont le banal orgueil des architectes contemporains pourrait

---

23. Maria Poumier traduit ici «*un plutonismo*» par «un certain plutonisme». L'ajout de
cet adjectif me semble moins exprimer une qualification affaiblissante du substantif chez
Lezama Lima que l'embarras de la traductrice par rapport à «plutonisme» qui est, en
effet, un des termes les plus mystérieux, mais non moins central, de ce texte.

tirer tant de choses, on observe l'introduction d'une témérité, d'un étonnement: l'indiatide. (*CB*, 54)

Mais qu'est-ce que ce plutonisme qui est paraphrasé en «feu originaire»? Il s'agit d'un élément imaginaire qui a son fonctionnement «normal» dans des discours prémodernes de type archétypal, alchimique et mythologique. Il ouvre un champ·sémantique comportant les aspects suivants: l'élément «feu», c'est-à-dire une grande énergie calorique; le processus de fondre le solide et de le réduire à l'état liquide. En termes thermodynamiques, on pourrait parler d'un élément fortement néguentropique[24].

Le plutonisme a des implications mythologiques qui résonnent dans les réseaux connotatifs de «La curiosité baroque». Pluton est la divinité du monde inférieur et incarne une énergie démoniaque qui s'est muée, dans le monde chrétien, en feu de l'enfer, capable de tout embraser; feu de destruction, de purification et de recommencement. Dans l'histoire des sciences, on appelle plutonisme la théorie géologique qui explique l'origine de la planète Terre, de même que les transformations de sa surface, par l'action efficace d'un puissant feu originaire[25].

Mais, quelles que soient les inscriptions de cette figure dans l'histoire des discours — qui résonnent dans «La curiosité baroque», sa réinscription par Lezama Lima évoque une logique sémantique qu'on peut narrativiser comme l'évolution d'un système. Le système, au départ, est doué d'une très grande quantité d'énergie calorique. Grâce à cette énergie, le système a la capacité de fondre tout élément qui entre dans sa zone d'influence. Il a ainsi un pouvoir de liquéfaction homogénéisante à quoi rien ne saurait résister.

---

24. On pourrait faire un rapprochement entre les imaginaires plutonistes latino-américain de Lezama Lima et nord-américain. Quand l'auteur annonce le banquet littéraire dont il sera question un peu plus loin, il décrit le processus d'incorporation alimentaire comme passant «à travers le four transmutatif de l'assimilation» (*CB*, 60). Ici, l'évocation plutoniste d'un «four transmutatif» ayant la force d'opérer une assimilation nous fait évidemment penser à cette autre métaphore avec le même programme sémantique: le «*melting pot*» nord-américain. Cette métaphore archi-connue pour décrire l'assimilation des immigrants dans la société états-unienne n'est pas moins plutoniste que tout le texte de Lezama Lima. Les imaginaires du Sud et du Nord, affichant le plus souvent leur antagonisme avec ostentation, se rencontrent ici dans le plutonisme.

25. Buffon était partisan de cette théorie, surtout dans *Les époques de la nature*, tandis que Abraham Gottlob Werner, de l'Académie des mines de Freiberg, était le grand représentant au XVIIIᵉ siècle de la théorie neptuniste qui expliquait tout par l'action efficace de l'eau.

Appliqué figurativement aux systèmes culturels et plus particulière-, ment à leurs interactions, cet élément thermodynamico-mythologique vient à corroborer une position fortement américaniste. L'Amérique culturelle est douée d'énergie plutonique, et ceci par auto-attribution. Grâce à cette énergie qui lui est propre, elle peut s'approprier et assimiler n'importe quelle altérité culturelle. Cette altérité (celle qui est visée ici est d'origine européenne) se manifeste dans la forme d'objets et de matériaux, de fragments hétérogènes qui sont alors fondus et par là homogénéisés et incorporés par le feu plutoniste à la culture américaine. Une telle puissance plutoniste confère automatiquement à l'Amérique une supériorité culturelle

Sans aucun doute, nous touchons ici à l'élément le plus essentialiste de tout le texte de Lezama Lima — et du même coup à son engagement identitaire le moins discutable. Car plutoniste, l'Amérique l'est par un geste de positionnement discursif qui s'effectue au moment de la définition du baroque. On touche donc ici à un essentialisme culturel identitaire tout aussi apodictique que celui d'Alejo Carpentier dans « Lo barroco y lo real maravilloso ». Mais, contrairement à ce qui est le cas chez Carpentier, ceci n'est pas le dernier mot de Lezama Lima. Plus exactement, si Carpentier ne problématise cette position essentialiste que dans un autre type de discours qui est celui de la fiction, par exemple dans le roman Concierto barroco, Lezama Lima procède à la déconstruction de son propre essentialisme dans le même texte.

III. La part de la pratique textuelle

Lezama Lima effectue cette déconstruction dans une pratique textuelle qui annule, du moins partiellement, les affirmations essentialistes de sa propre théorie culturelle. Mais d'abord, il introduit au niveau de la théorie même le terme-clé qui est celui de la tension. En homogénéisant tout matériau culturel, le plutonisme, s'il restait seul élément définitoire, aurait, en principe, l'effet d'effacer toute tension.

Le programme sémantique de « tension » efface, à son tour, les effets du plutonisme, ou du moins neutralise les effets homogénéisants de l'énergie plutonique. C'est que, pour qu'il y ait tension, il faut qu'il y ait des entités constituées et reconnaissables comme différentes. La tension présuppose ainsi la persistance d'une certaine forme d'altérité. Grâce à la présence de la tension, les différences intérieures du système culturel ne sauraient jamais être effacées totalement. Et c'est grâce à ce maintien d'altérités internes que le système peut maintenir sa propre créativité[26].

Or, la tension, et avec elle l'hétérogénéité, est réinscrite de la manière la plus concluante dans la partie centrale de notre essai. C'est ici que la théorie culturelle, avec son penchant fortement essentialiste trouve sa « correction » stratégique. C'est ici aussi que Lezama Lima se désengage d'une construction d'identité par trop homogène et trop essentialiste et prend donc ses distances par rapport à un certain discours américaniste. Cette partie centrale, qui occupe les pages 60 à 63 d'un texte qui s'étend de la page 51 à la page 74, nous offre un banquet littéraire. Il s'agit d'une véritable pièce de bravoure rhétorique dans laquelle l'auteur représente le déroulement d'un repas copieux et sélect par une séquence de plats et de mets poétiquement représentés. C'est ici que théorie culturelle et pratique textuelle interagissent de manière très complexe, tantôt en se confirmant réciproquement, tantôt en se contredisant, créant de la sorte des tensions internes au texte.

Voici comment Lezama Lima annonce ce banquet :

> Le banquet littéraire, la prolifique description de fruits de terre et de mer, est de jubilante racine baroque. Tentons de reconstruire, avec pour assistants les orfèvres de l'un et de l'autre monde, l'une de ces fêtes régies par la soif aussi dionysiaque que dialectique d'incorporer le monde, de faire sien le monde extérieur, à travers le four transmutatif de l'assimilation. (*CB*, 60)

Au niveau thématique et littéral, le banquet en tant que repas représente un processus d'incorporation et d'assimilation : manger c'est incorporer le monde, transformer l'extériorité matérielle du monde en intériorité de son propre corps. En tant que tel, le banquet peut figurer des processus d'interaction culturelle. Mais alors sa logique est assimilatrice et se situe dans la même idéologie culturelle que le plutonisme[27].

---

26. Cette logique complexe rapproche Lezama Lima de la théorie romantique de la créativité. Les premiers romantiques allemands exprimaient ce même potentiel créateur dans la figure chimique du « mélange » (*Mischung*) : mélanger, c'est réunir sans fondre, sans effacer la différence entre les éléments constitutifs. Le mélange n'abolit pas l'identité qualitative des éléments dont la différence garantit le potentiel créateur du système.

27. En fait, se révèle ici la parenté entre la figure culturelle du plutonisme et celle de l'anthropophagisme que les modernistes brésiliens ont lancée dans les années 1920 pour affirmer un processus de décolonisation culturelle, mais qu'ils maniaient bien plus stratégiquement que Lezama Lima sa figure du plutonisme.

Au niveau de la pratique textuelle, cette idéologie est radicalement contredite. Lezama Lima procède par un montage de citations pour lequel il ne fournit lui-même que les textes de transition. Son propre texte (texte citant) met en scène des textes de divers poètes (textes cités) sans jamais effacer la différence ni entre les deux niveaux d'énonciation, ni entre les divers textes cités. Après cette forte affirmation de principe du plutonisme homogénéisant, il réinscrit donc *de facto* le principe de l'hétérogénéité textuelle. Car tous les textes sont formellement cités et identifiés, marquant de la sorte rigoureusement leur différence. La séquence d'auteurs inclut, dans l'ordre, Domínguez Camargo, Lope de Vega, Luis de Góngora, Sor Juana Inés de la Cruz, Plácido de Aguilar, Lope de Vega, Leopoldo Lugones, Alfonso Reyes et Cintio Vitier. Il en résulte un véritable pot-pourri textuel, dans lequel chaque auteur contribue, verbalement, au banquet, en fournissant un met.

Une particularité de ce banquet est à signaler, et c'est ici que vient à s'activer le troisième intertexte signalé au début : tous les textes cités sont tirés de la *Antología poética en honor de Góngora* établie en 1927 par Gerardo Diego. Cette anthologie devient ainsi une ressource, en quelque sorte une carrière poétique où Lezama Lima prélève les pierres précieuses qui entreront dans son montage. Comme tous les textes réunis dans l'anthologie ont comme dénominateur commun le mouvement poétique gongoriste, son activation comme intertexte réaffirme explicitement une des inspirations européennes du baroque américain. Elle fait donc également contrepoids au plutonisme américain. Et une inspiration durable, puisque les textes choisis couvrent une période allant du xviie siècle jusqu'à l'actualité de Lezama Lima, ce qui confirme encore une fois l'extrême extension de la durée historique qu'il accorde au baroque.

Il y a plus encore. La posture de l'assimilation plutoniste américaine est brisée par le fait même que le montage de textes met en scène, à peu près alternativement, des textes européens et des textes américains. Dans ce banquet, donc, les textes cités non seulement gardent leurs identités diverses, mais la relation entre Ancien Monde et Nouveau Monde est une relation de va-et-vient, d'alternance, de face à face, et non pas d'appropriation, d'assimilation et de supériorité de l'un sur l'autre. Certes, la pièce de bravoure est signée par un auteur du Nouveau Monde qui s'accorde de ce fait la supériorité du moins logique qui revient au statut de texte citant, mais ce que le banquet expose et affirme est la diversité et la pluralité égalitaire des textes cités de toute provenance.

D. Conclusion : engagement et désengagement

La lecture critique de « La curiosité baroque » que je viens de proposer ne prétend pas être exhaustive. Bien d'autres éléments — comme la théorie du métissage, la galerie des héros culturels du baroque américain, la teinte romantique du baroque de Lezama Lima, etc. — auraient pu y être intégrés. Ce qui est d'ailleurs un indice de plus de la richesse et de la densité de ce texte. Mais j'espère que la double logique de l'engagement et du désengagement a pris suffisamment de consistance empirique et argumentative pour apparaître comme l'acquis d'un résultat.

Engagement et désengagement — que ce soit bien clair : en aucun moment Lezama Lima ne désavoue-t-il son adhésion à ce qu'il construit dans son texte, l'identité américaine. Mais il met en scène, et ceci de la manière complexe dont j'espère avoir révélé quelques lacis, des modalités différentes du discours américaniste. En particulier, en optant pour le paradigme baroque comme élément identificateur, il traite cet élément discursif à la fois de manière essentialiste et stratégique, la seconde manière déconstruisant la première.

Il y a, tissée dans la densité de ce texte, une relation très particulière entre théorie culturelle et pratique textuelle. Cette dernière n'est pas qu'une forme ajoutée à un contenu prédonné pour le véhiculer. Elle n'est pas pure extériorité, expression qui porterait à l'extérieur ce qui préexisterait dans une intériorité mentale, préalable à sa mise en discours. Par ailleurs, la théorie n'est pas qu'un ensemble d'idées préconstruit et préexistant qu'on n'aurait qu'à confier à un support sémiotique pour le transporter et communiquer à un interlocuteur-lecteur. On ne saurait donc simplement additionner les énoncés théoriques et les extraire du texte pour savoir ce que nous dit Lezama Lima. C'est que la pratique textuelle contribue constitutivement au message au niveau théorique. Le véritable message théorique est le résultat d'une interaction très complexe entre théorie culturelle et pratique textuelle.

C'est ainsi que ce texte, dans la densité de ses 24 pages, déploie une performativité toute particulière : il met en œuvre une dialectique critique entre dire et faire qui dépasse la simple performativité « quand dire c'est faire ». Dans un double geste discursif, il construit et déconstruit une identité culturelle. Et ceci en densifiant dans sa rhétoricité les moments de la mystification essentialiste et de la démystification stratégique. Il met de la sorte l'identité américaniste à l'essai. Dans la plus authentique tradition de l'écriture essayiste, il expose et interroge le discours identitaire — ici appuyé sur et sémantisé dans le paradigme baroque — sans conclure sémantiquement, sans statuer idéologiquement. Il déploie dans l'opérativité essayiste du texte un questionnement ouvert sur le lecteur qui est convié à activement greffer son activité de lecture, d'analyse et d'interprétation sur la forme ouverte et inachevée de l'essai.

Offrant de la sorte une solution de rechange, authentiquement essayiste, aux faux essais qui sont légion dans le domaine latino-américain et qui sont plutôt des textes idéologiques et polémiques dont la rhétorique ne cherche que l'adhésion à une cause statuée d'avance et non pas, comme chez Lezama Lima, la coopération à la production d'un sens complexe du texte. Ainsi, «La curiosité baroque», loin d'être un texte à thèse, s'avère être un texte à réflexion qui donne à penser.

Politique du poétique

Tout objet littéraire connecte une expérience individuelle à une grammaire collective, une vision du monde au monde ; il y fait retour, s'y ajoute, l'aggrave, parce qu'il est dans les gènes de la littérature que d'opposer aux langues dominantes ses grammaires déviantes. Un chromosome de l'impureté. Au fond, le style n'est qu'une façon de désaccord. Entre moi et le monde l'œuvre instaure une zone de friction, des courts-circuits, du jeu et des états de guerres qui sont toujours d'abord des zones politiques.

Dans ce constat, la poésie revêt un statut particulier. Sa nocivité repose d'abord sur la faiblesse de son audience. Pour le dire autrement, c'est justement la quasi-inexistence de son poids spectaculaire-marchand qui en fait le lieu d'un scandale symbolique, d'un rite d'effraction, lequel n'est que le prolongement dans la Cité du rite d'effraction qu'elle commet dans la langue de la Cité. Son statut l'exclut *de facto* des lois du marché, des injonctions médiatiques, des catéchismes de la transparence et de la connexion. Scandaleuse parce qu'elle *ne sert (à) rien*. À la limite, on pourrait considérer que la gratuité de l'art pour l'art, en échappant à la tyrannie de l'utilitaire, c'est-à-dire du résultat, constitue elle aussi un acte foncièrement subversif. Mais, évidemment, effet gigogne, l'objectif de non-résultat est un résultat, la non-utilité a son utilité. Tout est donc question d'intention. Or, tel est le fondement même de l'engagement (fondement qui différencie le révolutionnaire du rebelle), lequel consiste à confier à la littérature, *a priori*, le soin d'énoncer une idéologie, une éthique, un credo politique et de l'encoder dans le sens d'un discours militant, protestataire, etc.

Cette «mission» ne m'est jamais apparue très claire. Déléguer ce rôle à la littérature c'est lui attribuer le statut banal d'un médium, aggravant en cela le malentendu selon lequel elle ne serait qu'une sorte de journalisme décoratif, une machine à raconter des histoires et à défendre des idées. Un moyen et non une fin. Ce pourrait être aussi une façon plus ou moins déguisée de privilégier au «sentiment de la forme» une éthique du contenu et de rejouer ainsi la fausse antinomie humanisme contre formalisme. Or le poète travaille d'abord (dans) la forme, cette «valeur étrangère à son intention» qu'évoque Roland Barthes[1], «valeur» autonome donc (voire autotélique) à laquelle Sartre, on le sait, opposait un «impératif moral[2]». L'auteur de *Qu'est-ce que la littérature?* avait bien raison de regarder la poésie de travers et de la juger peu apte (et encore moins prompte) à s'engager.

Mais la question n'est pas de reconsidérer cette vieille lune de l'engagement en littérature ni, en ce qui me concerne, d'en actualiser les possibles prolongements dans l'espace contemporain. Tout au plus, redisons ce que tout le monde sait : que l'engagement au sens sartrien ne peut plus se rejouer aujourd'hui comme au milieu du siècle dernier pour la raison fort simple que le monde a changé et avec lui les façons de s'en saisir et de l'appréhender.

Suis-je un écrivain engagé? Le suis-je notamment dans *En guerre*, publié en 2004[3], qui se nourrit en grande partie de la guerre en Irak et pourrait donner à penser, pour cette raison même, qu'il s'agit d'un ouvrage explicitement engagé? Je ne le crois pas. Ce livre, montage de textes épars, travaille (avec) du matériau contemporain (essentiellement le discours médiatique et politique) pour attaquer différemment la langue. Détournement et surchauffe rhétorique de la désormais célèbre formule «l'axe du mal», accumulations grotesques à partir du discours rassurant de l'état-major américain à l'automne 2002, compte rendu comico-parodique de l'arrestation de Saddam Hussein («Opération Bad Gag — comédie médicale»), etc., ces interventions affirment certes clairement une vision politique et donnent la lecture critique d'un événement, et l'on comprend tout de suite de quel endroit je parle. Mais d'autres textes ne vont pas dans le même sens (une version pornographique de l'histoire des premiers rois de France, par exemple), façon justement d'introduire dans mon livre une sorte de contre-pouvoir

1. Roland Barthes, *Essais critiques*, Paris, Seuil, coll. «Points», 1964, p. 138.
2. Jean-Paul Sartre, *Situations II*, Paris, Gallimard, 1948, p. 69.
3. Jean-Michel Espitallier, *En guerre*, Paris, Inventaire-invention, 2004.

sémantique. Mon intention n'était pas d'écrire *sur* mais *à partir de* la guerre en Irak, et, plus simplement, d'écrire intransitivement (ce que résume parfaitement Paul Valéry dans sa belle formule : « ce fut l'intention de faire qui a voulu ce que j'ai dit[4] »). Dans mon introduction, je préviens : « Que puis-je faire avec la guerre ? La décrire (mais de quel point de vue ?) ? La raconter (à partir de quelle expérience ?) ? La dénoncer (mais selon quelle morale ?) ? [...] À la différence du livre *sur* la guerre, le livre *en* guerre capture des morceaux de guerre pour faire livre. Je commence ici un nouveau livre. Qui n'est pas un livre sur la guerre mais un livre fabriqué avec des morceaux de ça[5] ». Un motif. Un matériau.

Comique, absurde, dérision et parodie, détournements et jeux formels (listes, boucles rythmiques, syllogismes, etc.) constitutifs de mon « style », continuent, ici comme ailleurs, mon expérience dans la langue, même si mes partis pris et mes visions du monde s'y affirment, même si je m'engage à ne pas m'engager, même si je ne peux dissimuler une certaine malice à avoir voulu dégonfler toute tension éthique, toute pause morale et moralisante. Un oxymore de la gravité.

En réalité, ce type de livre s'engage tout seul. Ou plutôt « après coup ». Au moment de sa réception et par la lecture que chacun peut en faire (et je réaffirme ici mon *credo* selon lequel le lecteur a toujours raison), en donnant à voir et en articulant autrement le réel, en lui infligeant un certain nombre d'opérations chirurgicales (greffes, coutures, amputations, etc.), en le malaxant et en malaxant les discours censés le représenter. Engagement peut-être mais d'abord rhétorique. Et formel. C'est l'esthétique d'un texte qui est indissociable de l'éthique de son auteur et non le contraire. Non point livre engagé, donc mais livre de poète (de poète ou d'écrivain ? Cette hésitation assumée marquant en revanche mon véritable engagement dans le champ esthétique), engageant le lecteur à s'engager lui-même à partir des reconfigurations subjectives du réel qui lui sont proposées par la vertu de formes particulières et de sens flottants. Je ne dénonce rien. Pas mon métier. Mon métier consiste à fabriquer des maquettes du monde avec la langue. Et plus encore à faire, avec le monde, des maquettes de langue.

---

4. Paul Valéry, *Variété*, dans *Œuvres* (éd. Jean Hytier), T. I, Paris, Gallimard, coll. « Bibliothèque de la Pléiade », 1957, p. 1503
5. Jean-Michel Espitallier, *op. cit.*, p. 14-15.

Mais revenons à des considérations plus générales et voyons en quoi la poésie, comme instance formelle insoumise, est, devrait être, engagée par essence. Écrire de la poésie, c'est écrire *malgré tout* ; c'est aussi inoculer dans la langue une contre-langue résistante au droit canon qui met l'objet-poème dans une situation de tension et de crise qu'il doit résoudre au moment même où il la provoque, ce que Gilles Deleuze nomme des «goulots d'étranglements[6]». La poésie se présente toujours déplacée, obscène (littéralement, *de mauvais augure*), elle *accidente* un contexte qui lui est par nature hostile. S'attaquer à la langue revient à casser un héritage garant des valeurs et des usages qui font tenir nos sociétés modernes : grégarité, sédentarité, nivellement socioculturel, modèle libéral, tout-communicationnel, etc. Ainsi, les dysfonctionnements de langue (bizarre baudelairien, zaoum, glossolalies, écritures phonétiques, répétitif) débordent-ils très largement la sphère du langage et la question du beau (et l'on se souvient que Schiller, déjà, à l'aube de la modernité, confiait à la beauté le pouvoir subversif d'abolir les privilèges) ; ils balisent des zones autonomes et non alignées, des points de «résistance du livre à l'amphithéâtre» pour le dire comme Sloterdijk[7], et fournissent à qui veut les voir d'autres systèmes de valeurs ou plus précisément la possibilité de l'existence d'autres valeurs. Cela s'appelle la raison utopique. À cette raison, l'invention formelle suffit.

Le confinement dans lequel se tient la poésie réduit pourtant la portée de la frappe et la vitesse de prolifération métastasique. D'où la nécessité de l'extraire de son cocon, d'infiltrer les espaces connexes, de la faire passer en contrebande, de sauter les frontières, de déplacer le regard et les lieux, etc. Il ne suffit pas d'être étranger dans sa langue, de faire pli, tumeur, rayure, encore convient-il d'importer cette étrangeté dans le contexte à contaminer, condition première de tout processus infectieux. L'enjeu est double : stratégique d'abord (rendre visible en terrain hostile une langue inacceptable — cette visibilité produit l'effet subversif) ; symbolique ensuite (brouillage, détournement et infection des codes). Ces positions ont bien entendu leurs traductions esthéti-

6. Gilles Deleuze, «Les intercesseurs», http://multitudes.samizdat.net/spip.php?article1354. Ce texte parut d'abord dans *L'Autre journal*, nᵒ 8, octobre 1985, entretien avec Antoine Dulaure et Claire Parnet, et a été repris dans Gilles Deleuze, *Pourparlers*, Paris, Minuit, 1990.
7. Peter Sloterdijk, *Règles pour le parc humain : une lettre en réponse à* La lettre sur l'humanisme *de Heidegger* (trad. d'Olivier Mannoni), Paris, Éditions Mille et une nuits, 2000, p. 17.

ques et formelles — le détournement, le *cut-up*, le *ready-made*, le *sampling* entre autres, techniques qui décollent, prélèvent, détournent, recontextualisent, kidnappent des éléments du réel pour les mettre en état d'exil, de greffe, de clonage, proposant des recadrages et des redistributions, qui en sont autant de relectures critiques. Éternelle et inusable rencontre de la machine à coudre et du parapluie sur une table de dissection. Lautréamont était un écrivain politique !

Ces opérations sont parfois qualifiées d'expérimentales. Bigre ! Cette notion très élastique demeure problématique parce que toute écriture qui pense un tant soit peu sa forme s'inscrit *de facto* dans cette fausse catégorie — l'expérimental s'entend toujours d'abord d'un point de vue formel (« milliers de petites inventions sans histoire » dont parle l'historien de l'art André Chastel[8]). L'expérimental serait peut-être alors au poète ce que la prose est à M. Jourdain. Le musicien Luciano Berio ne dit pas autre chose quand il affirme : « Toute musique est expérimentale sinon, ça ne vaut pas la peine d'en faire. » Ce point de vue est éminemment politique.

En ce qui me concerne, je trouve dans les ressources qu'offrent le burlesque, l'extravagance grotesque, la dérision, le comique, dont Baudelaire a bien montré la force subversive, diabolique, même, des moyens pour virusser non seulement la langue dominante et ses vitrifications académiques mais aussi tout l'esprit de sérieux, et même tout le jésuitisme de certaines orthodoxies avant-gardistes et… ouvertement engagées, qui, en produisant un anticonformisme souvent très conformiste et aligné se présentent toujours comme des langues fascistes. L'ennemi n'est évidemment jamais sur le lieu de la représentation que l'on s'en fait. Le grotesque, par exemple, le rire jaune, qui jouent comme des insolences et imposent une gravité légère (comparable à celle des vanités en peinture), procurent un outil radical contre le « bon goût » et certaines paresses des penseurs et des bien-pensants, enrayent le tragique par de nécessaires mises à distances, opèrent des réglages de la focale et opposent aux barbaries et aux absurdités contemporaines les armes de la farce. Le rire est une position, une éthique. Scandaleusement intrusif.

Mais il est essentiel de ne pas ériger la subversion en règle, et il faudra toujours veiller à transgresser indéfiniment les règles de la transgression. Une œuvre ne peut être réellement subversive qu'à ce prix et son

---

8. André Chastel, *La grottesque*, Paris, Le Promeneur, 1988, p. 35.

anticonformisme doit être constamment mis en danger, dépassé en fonction de la rapidité digestive des sociétés. S'engager contre un certain engagement, c'est en réalité continuer de s'engager contre les lois de la Cité au nombre desquelles figure l'engagement.

La rhétorique et tous les espaces de jeux qu'elle ouvre me fournissent un autre outil pour travailler avec et contre la langue, non dans le sens d'une destruction mais plutôt, et au contraire, d'une radicalisation, d'une exagération qui en révèlent toute la puissance en latence, non utilisée. Les jeux de logique, de paradoxes auxquels je me livre dévoilent une langue à la fois terriblement prévisible, vertigineusement sous-exploitée, radicalement vide, qui s'autodissout, s'autopurge pour ne tourner que comme machine. C'est ce tournoiement que je tente de réguler et de faire apparaître en le surchauffant des poncifs que nous ne voyons plus, des évidences qu'il faut remettre dans le champ de vision, des vérités premières masquant des vérités dernières, des «lettres volées».

Le dépérissement et le brouillage des codes qui permettaient jusqu'à l'époque romantique de «reconnaître» la forme poétique ont abouti à une telle complexité formelle, à un tel phénomène de métissage et de déterritorialisation que cette catégorie, en se soustrayant à toute capacité à se déterminer sur un minimum de critères communs, est devenue un espace éminemment libertaire. La transversalité, l'hybridation, le mixte, procédures naturelles à beaucoup d'entre nous, et que, personnellement, je revendique, en sont les symptômes les plus saillants, mais en contrepartie, ces notions risquent de se vider de leur sens et de leur pouvoir subversif, à force d'être employées à tort et à travers. En n'y voyant souvent qu'une finalité, qu'un objectif, les institutions (de temps en temps relayées par un certain nombre d'écrivains et d'artistes qui voient là l'occasion rêvée de se forger quelque identité labellisée post-moderne) sont en train de faire de ces procédures un néo-académisme qui risque de ne produire que de sympathiques contrefaçons, reflets esthétiques du fantasme d'une démocratie heureuse, centriste, paritaire et libre-échangiste. Un tiers de prose, un tiers de vers, un tiers de *cut-up* et, pourquoi pas, un quatrième tiers de ce que vous voudrez (image, son, pâte à sel, poudre à éternuer), porte ouverte à un moyen terme d'autant plus sécurisant que sa force d'effraction aura été annihilée sous la séduction d'un objet politiquement consensuel à apparence expérimentale et subversive, ni trop radical ni trop conformiste. Un objet *cool*. Une esthétique du juste milieu. Des écrivains sympas. On comprend que l'institution en raffole.

Cette remarque m'emmène à ouvrir une parenthèse qui explique en partie ma méfiance vis-à-vis de l'engagement. Celui-ci, en effet, peut masquer des stratégies de carrières, cheval de Troie pour s'imposer, s'approprier un champ, s'y rallier ou s'en singulariser en jouant notamment la surenchère à forts relents, parfois, de bûcher ou de meute. Comme dans la presse à scandale, il existe dans les domaines littéraire et artistique des sujets porteurs (et qui rapportent). Les faussaires portent la double et ravageuse responsabilité d'utiliser des sujets graves pour leur propre compte, ce qui leur enlève un peu de gravité, et peuvent émousser, en éveillant le soupçon, la charge critique d'œuvres à vocations authentiquement militantes. Éternels résistants décorés par les pouvoirs auxquels ils résistent, pourfendeurs de médias médiatisés, reclus communiquant sur leur retrait du monde, etc. Et que dire de tous les embrigadements qui, sauf notables et belles exceptions (Beauvoir, Char, Camus, quelques autres), ont tatoué de leurs aveuglements tout le XXᵉ siècle et ne virent pas que la révolution des esprits se faisait ailleurs, à Londres ou à Frisco, avec des guitares électriques? Que dire enfin du bilan qui montre au final que les grandes fractures esthétiques (donc éthiques) et les œuvres les plus révolutionnaires du siècle, toutes catégories confondues, furent presque toujours non explicitement engagées? C'est aussi de ce constat, de cette méfiance, qu'est né mon engagement à ne pas m'engager.

Tel pourrait donc être mon engagement, dans la langue, avec elle et contre elle. Les inventions formelles ouvrent des espaces de liberté infinis et constituent, à mes yeux, le point de résistance le plus radical à l'inhumanité contemporaine et à l'absurdité du monde dont la réponse politique demeure celle de l'insolente gratuité et du mystère toujours recommencé de l'écriture. Comme un espace d'éternelle insoumission.

Saint-Amant, poète de l'hermétisme grotesque et du jeu

ALAIN SCHORDERET

Auteur baroque érudit, grand voyageur et bon vivant du règne de Louis XIII, Marc Gérard sieur de Saint-Amant (1594-1661) fut longtemps un poète oublié, depuis le verdict de Boileau dans son *Art poétique* («N'imitez pas ce Fou[1]»). Il ne sera pas réhabilité avant l'époque romantique, où Théophile Gautier le remit à l'honneur en publiant, en 1844, sous le titre des *Grotesques*, un recueil de critiques littéraires[2]. Il faut penser que c'est grâce à l'ouvrage de Gautier que Baudelaire fit la découverte de Saint-Amant. La critique n'a que vaguement signalé, à ce jour, les influences de Saint-Amant sur l'auteur des *Fleurs du mal*[3]. On constate une pratique semblable de la dédicace chez les deux auteurs : tandis que Baudelaire dédia sa première œuvre à Théophile Gautier, longtemps chef de file des romantiques, Saint-Amant consacra à ses débuts une ode à son ami Théophile de Viau (I, 3-7)[4], poète non moins

---

1. Nicolas Boileau, *L'art poétique* (éd. August Buck), München, Fink, 1970, ch. III, v. 261.

2. Théophile Gautier, *Les grotesques*, Paris, Bibliothèque Charpentier, s.d., p. 151-180. Mais la vraie naissance des études sur Saint-Amant n'eut lieu qu'après la parution des articles de Gérard Genette dans ses *Figures I* et *II*, au début de la vague néo-baroque : Gérard Genette, «L'univers réversible», *Figures I*, Paris, Seuil, coll. «Points Essais», 1966, p. 9-20 et «D'un récit baroque», *Figures II*, Paris, Seuil, coll. «Tel Quel», 1969, p. 195-222.

3. Par exemple chez Jean Pommier, *Dans les chemins de Baudelaire*, Paris, J. Corti, 1945, p. 110 et 120 ; et Marie Malkiewicz-Strzalko, «Baudelaire, Gresset et Saint-Amant», *Revue d'histoire littéraire de la France*, vol. 49 1949, p. 364-369, sur laquelle nous reviendrons plus loin.

4. Nous citons les textes de Saint-Amant d'après l'édition en cinq volumes des *Œuvres* à la Société des textes français modernes (STFM) : *Œuvres* (éd. Jacques Bailbé), T. I, Paris,

emblématique à son époque que ne l'était Gautier au xixᵉ siècle. Tout comme Baudelaire éclipse aujourd'hui un Théophile Gautier, on peut souhaiter à Saint-Amant d'éclipser un jour son propre Théophile. Nous avons pour but ici d'éclaircir un point obscur de la poétique de Saint-Amant : bien loin de nous arrêter aux aspects bien connus de l'esthétique de la pointe qui chez les auteurs baroques est susceptible de se manifester dans un contexte quelconque, nous nous baserons sur des passages précis où le thème du signe s'affiche de manière méta-textuelle, c'est-à-dire où le poète met en scène sa capacité ou son inca-pacité à lire les signes. Certains de ces signes se voudront difficiles à déchiffrer par opposition à d'autres dont le poète souligne clairement le sens. L'apparition répétée du premier cas nous permet d'inscrire Saint-Amant dans la tradition de la poésie hermétique. Il ne s'agit plus là des fameux jeux de mots du poète, qu'il pratique de manière ironique, comme autant d'abus conscients. Dans ces jeux de mots, la métaphore a souvent la forme d'une devinette, et n'est dite que pour imposer au lecteur un petit détour par une réflexion qui devrait se résoudre par le rire, à l'exemple de ce vers de l'admirable « Epistre diversifiée », qui parle ainsi de la perruque au lieu de la nommer explicitement (II, 199, v. 284) : « Teste qu'on oste, et serre en un Estuy » !

Avec son hermétisme, au contraire, le poète refuse d'éblouir le lec-teur. Renonçant à l'astuce d'une pointe baroque, il préfère le mystifier, l'obnubiler, fort de sa liberté que lui donne le genre du caprice. Le genre capricieux non moins que l'usage de signes hermétiques relève comme le jeu de mots que nous venons de voir d'une conception ludi-que de la poésie : mais il ne s'agit plus maintenant d'un jeu aux règles clairement définies du début à la fin. Car le caprice change ses règles de manière imprévisible pour le lecteur, au gré des sautes d'humeur du sujet poétique. Bien pire, le discours hermétique n'obéit plus qu'à des règles absconses, laissant le lecteur sous l'impression frustrante d'un savoir apparemment supérieur chez le sujet poétique : sous un aspect qui reste plaisant, cette poésie peut alors prendre un ton mélancolique dès que le poète la place sous l'enseigne de la *perte*, principal risque

Marcel Didier, 1971 ; *Œuvres* (éd. Jean Lagny), T. II-IV, Paris, Marcel Didier, 1967, 1969 et 1971 ; *Œuvres* (éd. Jacques Bailbé et Jean Lagny), T. V, Paris, Champion, 1979. Le chiffre romain renvoie au volume, ensuite nous renvoyons à la page. Concernant l'ode de Saint-Amant à Théophile, voir aussi l'introduction dans I, XIX : elle fut reprise au début des *Œuvres* de Viau en 1612. Celui-ci cite Saint-Amant dans la « Prière de Théophile aux poètes de ce temps », voir Théophile de Viau, *Œuvres poétiques* (éd. Guido Saba), Paris, Garnier, 1990, p. 295.

dans le jeu. Nous voulons donc ici étudier non pas des pointes qui aboutissent, susceptibles d'amener le jeu poétique à son accomplissement et sa fin, mais des pointes hermétiques qui se perdent et appellent ainsi à la continuation du jeu à l'infini, dans l'espérance mélancolique d'une réparation de la perte, d'un retour à une plénitude du sens.

Comme le démontrent les passages suivants, tirés l'un de la «Chambre du desbauché» (I, 225 s.), l'autre de la «Rome ridicule» (III, 35), rien ne nous autorise à dire que l'obscurité et partant l'hermétisme de certains vers du poète ne tient qu'à notre incapacité de lecteurs modernes, d'autant plus que le possesseur du manuscrit a éprouvé le besoin d'annoter de nombreux passages, et souvent sans parvenir à les éclaircir, à l'époque même du poète :

Quant à la vertu, trois beaux dez	Quelle Pyramide funeste?
Sont ses livres d'Arithmetique,	Quel sepulcre en ce mur douteux,
Par lesquels maints points sont vuidez	Contrefait là bas le honteux?
Touchant le nombre d'or mistique :	Ha! c'est celuy du pauvre Ceste :
185 Il est plein de devotion,	455 Qu'il se declare aux regardans,
Dont la bonne application	Est-il dehors, est-il dedans,
Se fait voir en cette maniere,	Ce goulu, digne de l'histoire?
C'est qu'il a dans son cabinet	Et veut-il en matois accort,
Des heures de Robert Beiniere	Pipant les yeux, jouer sans boire
190 A l'usage du lansquenet.	460 Des gobelets apres sa mort?

L'hermétisme de ces strophes s'affiche au niveau métatextuel. Le premier dizain la thématise par l'emploi de comparants appartenant à un scénario initiatique : on imagine le «cabinet» d'un alchimiste, à la recherche du «nombre d'or mistique». Dans l'autre strophe, c'est la quadruple interrogation, soulevée par l'objet mystérieux de la «Pyramide», et l'insistance sur le «douteux», qui contribuent à construire un effet obscur. Les deux strophes sont en outre obscures par leur utilisation de noms propres : la connaissance de «Ceste» présuppose une haute érudition, alors qu'au rebours, l'obscurité du nom «Robert Beiniere», qui dégage quelque chose de vulgaire, tient au statut quelconque du personnage. Les deux strophes font appel à un motif commun, le jeu, utilisé comme comparé dans la «Rome ridicule» («jouer […] des gobelets»), comme comparant dans la «Chambre du desbauché» («trois beaux dez»).

L'obscurité du texte ne suffit pas à en faire de la poésie hermétique : il faut que le poète invoque un don supérieur et que son langage permette de constituer une élite possédant un privilège, l'accès à une vérité mystique et supérieure. On verra que quand Saint-Amant thématise par certaines figures ce savoir secret (comme le «nombre d'or mistique»), il le fait toujours de façon ambiguë, en utilisant des signes à double fond : tout message noble et élevé est mâtiné d'éléments vils et bas. Nous sommes donc en présence d'un hermétisme orienté vers le bas, non pas spirituel, mais grotesque : le savoir supérieur du poète se dénonce lui-même comme vain. L'hermétisme grotesque chez Saint-Amant ne relève donc que d'un jeu aussi vain que les jeux de hasard, même si, comme l'hermétisme noble et mystique, il présuppose un certain savoir et un cercle de partenaires partageant les mêmes vues idéologiques.

Dans ce qui suit, nous allons discuter trois points qui entrent dans l'hermétisme grotesque, soit : la thématisation des signes obscurs dans leur lien avec les signes clairs ; la thématique du jeu dans et par la poésie ; la culture du lectorat capable de saisir le sens de l'hermétisme grotesque. Nous montrerons dans un quatrième point que ce type d'hermétisme, déjà présent au Moyen Âge, porté à une espèce d'apogée par Saint-Amant, peut encore avoir servi de modèle à Baudelaire. Nous reviendrons alors sur une étonnante ressemblance entre un «Caprice» de Saint-Amant et le premier «Spleen» de Baudelaire.

1) Le grotesque entre chiffre clair et hiéroglyphe hermétique

Déconcertée par la diversité de l'œuvre de Saint-Amant, la critique s'est souvent contentée de classer ses textes dans différents genres sans lien, de traiter ses poèmes de manière isolée selon leur tonalité changeante[5]. Nous partons ici au contraire de l'hypothèse d'une unité profonde de son œuvre. Certes, nous étudierons séparément les figures de la clarté et de l'obscurité (prises comme signes métatextuels), mais ce sera pour mieux montrer que le melon, incarnation suprême de la poésie chez Saint-Amant, réunit en effet des valeurs contraires en une seule figure emblématique.

5. Voir par exemple le livre de ·Samuel L. Borton, *Six Modes of Sensibility in Saint-Amant*, La Hague et Paris, Mouton, 1966 ; et plus récemment encore Nathalie Négroni, «Poète, poésie et altérité dans l'œuvre de Saint-Amant», dans Ralph Heyndels et Barbara R. Woshinsky (dir.), *L'autre au xvii* siècle*, Tübingen, Gunter Narr Verlag, coll. «Biblio 17», 1999, p. 403-423.

L'œuvre entière de Saint-Amant regorge d'indices métatextuels[6], d'autant plus qu'elle comprend beaucoup de pièces longues donnant facilement lieu à des digressions (III, 11 s.) :

> Parbieu ? Ce n'est plus raillerie,
> Je m'estomacque tout à bon :
> Mes doigts, conduisons le charbon
> Avec un peu moins de furie ;
> 135 Il m'est permis de lanterner,
> Il m'est permis de badiner,
> Jusqu'à faire peter de rire,
> Mais je serois pis que Boucquin
> De desgainer l'aigre Satyre
> 140 A la barbe du grand Pasquin[7].

Dans cette strophe de la « Rome ridicule », caprice le plus long de Saint-Amant, le poète feint d'interpeller sa plume. La tradition nous offre une ribambelle d'explications étymologiques pour l'origine du nom « caprice[8] ». Mais Saint-Amant ne permet pas de douter — on le voit dans ce passage aussi bien que dans deux vers de la « Pétarrade aux rondeaux » (« le Caprice avecques sa peinture / Qui fait bouquer et l'Art, et la Nature », II, 202, v. 9-10)[9] : pour notre poète, le mot caprice, où on peut voir l'étymon latin *capram* (chèvre), remonte à la démarche

6. Voir par exemple les v. 21-25 du « Caprice » de 1632 (III, 142), que nous citons plus loin, avant la note 22.

7. Pasquin est la statue d'un soldat à Rome. L'éditeur Jean Lagny identifie « Boucquin » avec un satyre.

8. Voir Alice Rathé, « La notion de caprice dans la poésie de Saint-Amant », *Papers on French Seventeenth Century Literature*, vol. 8, n° 14 [2], 1981, p. 151-162 ; *Id.*, « Saint-Amant poète du "caprice" », *XVIIe siècle*, vol. 121, 1978, p. 229-244. On consultera avec grand profit les travaux de Guillaume Peureux, « Le caprice, ou l'esthétique du spectacle chez Saint-Amant », dans Charles Mazouer (dir.), *Recherches des jeunes dix-septiémistes*, Tübingen, Gunter Narr, 2000, p. 293-307 ; « Espaces capricieux et évidence chez Saint-Amant », *Études littéraires*, vol. 34, nos 1-2, hiver 2002, p. 191-200 et surtout « Caprices », *La licorne*, n° 69, 2004, p. 7-9 pour ce qui concerne le caprice, et pour Saint-Amant en général, on consultera toujours Guillaume Peureux, *Le rendez-vous des enfans sans soucy : la poétique de Saint-Amant*, Genève, Champion, 2002, et notamment p. 71-93.

9. Le mot bouc apporte d'autres connotations : on peut penser au bouc émissaire, image qui confère au poète satirique le statut de poète maudit (nous y reviendrons plus loin). Le *Dictionnaire de l'Académie* (1694) ajoute : « Bouc, signifie aussi, La peau du bouc où l'on met du vin ou de l'huile. » Le vin et la beuverie sont des inspirations importantes pour Saint-Amant. À propos du verbe « bouquer », le *Dictionnaire* note : « Il signifie figurément, Ceder à la force, estre contraint à faire quelque action de soumission. » Vu qu'il les fait « bouquer », le genre du caprice n'est donc pas tenu de respecter les règles de l'art ou de la nature.

capricieuse du bouc. D'où le nom «Boucquin» et le verbe «bouquer».

Saint-Amant, en jouant sur le mot bouc, souligne le caractère mâle du caprice[10], évoquant les lubriques compagnons de Bacchus aux pieds de bouc[11] : le satyre devient ainsi l'emblème mythique de ce genre. Souvent, le caprice a une visée satirique[12]. Le verbe «lanterner», que Saint-Amant tire de Rabelais, renforce l'idée d'une démarche incontrôlée[13], tout comme la «furie» des doigts. Le caprice s'accommode bien de l'hermétisme dans la mesure où dans ce genre de poème, les transitions, tout comme les sauts d'une chèvre, doivent être imprévisibles : de fait, elles restent incompréhensibles à la première lecture. Dans le «Caprice» écrit en 1632 par Saint-Amant (II, 141-143), en l'espace de 5 strophes, on saute brusquement des melons pourris à l'amour, puis à la politique.

La couleur du caprice est sombre, tel le «charbon», qui ne s'utilise d'ailleurs que pour les ébauches et s'efface facilement[14]. Dès lors, le caprice devient le genre fugace de l'anti-mémoire par excellence, ou plutôt le genre qui devant le constat d'une *perte*, recherche une compensation dans l'effacement du présent et dans l'oubli des choses mémorables. L'oubli qui n'est que la perte d'un passé constitue le poète en être mélancolique et motive en même temps sa verve satirique dirigée contre le présent, qu'il s'agit d'effacer pour le mettre à niveau avec

10. Le mâle de la chèvre, en italien, est le *capro*, qui n'a pas d'équivalent français construit sur le même étymon. Le lien entre bouc et caprice n'est perceptible qu'en passant par l'italien *capro* et *capra*, qui tous les deux peuvent être à l'origine de *capriccio*.

11. Saint-Amant les présentera ailleurs comme les compagnons de Pan, voir à l'appel de note 15.

12. En réalité, le genre satirique vient du latin *satura* (c'est-à-dire qu'il s'agit d'un genre saturé, d'un mélange de thèmes). La graphie avec «y», qui est aussi celle du *Dictionnaire de l'Académie* (1694), vient de cette contamination avec la figure du satyre, qui est d'autant plus consciente chez Saint-Amant qu'il utilise la majuscule, ce qui peut être un indice pour une personnification ou une allégorisation. Voir aussi, à ce propos, Guillaume Peureux, «Le caprice dans la poésie française du XVIIᵉ siècle : un panorama», *La licorne*, n° 69, 2004, p. 118.

13. Le *Dictionnaire de l'Académie* (1694) explique : «LANTERNER. v.n. Estre vetilleux & irresolu en affaires. [...] Importuner, fatiguer par des discours impertinents & hors de propos». Le verbe est une invention rabelaisienne : dans le *Quart Livre*, il raconte l'expédition dans le pays «Lanternoys», un pays imaginaire où règne la dive bouteille. «Lanterner», au sens de parler oisivement et «hors de propos», est un verbe qui s'accorde bien avec la succession incontrôlée et fantaisiste des thèmes et des tons dans le caprice. Le langage lanternois, chez Rabelais, désigne déjà un langage imaginaire, trompeur. L'Antiquité connaissait l'expression idiomatique *prendre* ou *vendre des vessies pour des lanternes*. Voir à cet égard François Rabelais, *Œuvres* (éd. Abel Lefranc), T. II, Paris, Champion, 1913, p. 117, n. 43, T. III, 1922, p. 117, n. 38, T. VI, 1955, p. 74, n. 35.

14. Voir, «La Chambre du desbauché» : «Je te trace avec un charbon / Ceste Ode habillée en Epître» (I, p. 216, v. 3).

ce passé qui échappe. Ce regret, en même temps rejet du passé, nous le trouvons non seulement dans le «Caprice» de 1632, mais aussi dans la «Solitude» célèbre de Saint-Amant, ode qui n'a pourtant au premier coup d'œil rien à voir avec un caprice :

5   Mon Dieu! que mes yeux sont contens
     De voir ces Bois qui se trouverent
     A la nativité du Temps, [...]!

     Rien que leur extresme hauteur
     Ne fait remarquer leur vieillesse :
15 Jadis Pan, et ses Demy-Dieux
     Y vindrent chercher du refuge,
     Quand Jupiter ouvrit les Cieux
     Pour nous envoyer le Deluge,
     Et se sauvans sur leurs rameaux,
20 A peine virent-ils les Eaux[15].

Hétérodoxie, voire hérésie : le poète insinue que le déluge ne fut pas universel. Car les «Demy-Dieux» de Pan sont les survivants de l'âge d'or. Ils ont sans doute le corps de satyres, êtres fabuleux qui accompagnaient Bacchus. Mais Pan ayant lui-même l'apparence d'un satyre, cette identification s'impose. Le souvenir brillant de l'âge d'or menacé par le cataclysme tombe tout de suite dans un passage mélancolique où le bonheur aboutit à l'oubli (I, 41 s., v. 101-108) :

     Là, se trouvent sur quelques marbres
     Des devises du temps passé ;
     Icy, l'âge a presque éffacé
     Des chiffres taillez sur les arbres.
105 Le plancher du lieu le plus haut
     Est tombé jusques dans la cave,
     Que la limace, et le crapaut,
     Soüillent de venin, et de bave

Saint-Amant tombe souvent de l'idylle, de l'âge d'or, dans la mélancolie des ruines et de la terreur[16]. Saturne est à la fois dieu de l'âge d'or et patron des mélancoliques. Ainsi les «chiffres» clairs des amants qui peuplent le roman et la pastorale[17] s'obscurcissent petit à petit. À la montée salvatrice des satyres au début de l'ode, s'oppose maintenant

---

15. Ce sont les deux premières strophes (I, 35 s.).
16. Voir aussi les «Visions» (I, 131, v. III ss.).
17. Saint-Amant parle ailleurs des «chiffres d'Amour» (II, 99, v. 57), ce sont, selon Jacques Bailbé, les «initiales que les héros de romans ou de pastorales avaient l'habitude

la dégringolade d'un «plancher» énigmatique. Car l'identité du «lieu le plus haut» reste mystérieuse : voici comment le signe, dans l'écriture capricieuse, finit par signaler une *perte*, et participe à la fois de la clarté de la mémoire et de l'opacité hermétique et de l'oubli.

Dans des passages solaires de son œuvre, Saint-Amant a développé la théorie du signe clair, par exemple dans son «Melon» (II, 15, v. 21-32) :

> C'est un MELON, où la Nature,
> Par une admirable structure,
> A voulu graver à l'entour
> Mille plaisans chiffres d'Amour,
> 25   Pour claire marque à tout le monde,
> Que d'une amitié sans seconde
> Elle cherit ce doux manger ;
> Et que d'un soucy mesnager
> Travaillant aux biens de la terre,
> Dans ce beau fruict seul elle enserre
> Toutes les aimables vertus,
> Dont les autres sont revestus.

Nous retrouvons les «chiffres d'Amour» de la «Solitude», mais en guise de «claire marque». Le melon, qui a donc statut de signe, constitue la figure suprême à la fois de l'art et de la nature : emblématique dans les derniers vers, il résume les qualités de tous les autres fruits imaginables. Saint-Amant exprime la même idée dans son sonnet intitulé «Autonne des Canaries» (III, 149, v. 5-8) :

> 5   Les Figues, les Muscas, les Pesches, les Melons
> Y couronnent ce Dieu qui se delecte à boire ;
> Et les nobles Palmiers sacrez à la Victoire,
> S'y courbent sous des fruits qu'au Miel nous égalons.

Le syntagme «les Melons», par l'effet de la rime avec «Miel nous égalons», se trouve en situation privilégiée, d'autant plus qu'on peut y voir une figure étymologique : ce serait une fausse étymologie, construite à la manière d'Isidore de Séville, par des truchements, pour former le raccourci «Melons» sur la base de «au Miel nous égalons[18]». Le «Melon»

---

de graver partout» (II, 41, note au v. 104). On peut trouver ce motif dans le récit des noces d'Angélique et Médor dans le chant XIX, strophe 36, de l'*Orlando furioso* de l'Arioste.

18. Les étymologies par contraction et truchement, à la manière d'Isidore, étaient extrêmement répandues à la Renaissance, comme en témoigne une explication du mot *capriccio* que reproduit encore, peu avant Saint-Amant, Henri Estienne, dans ses *Deux dialogues du nouveau langage françois italianisé et autrement desguizé*, à savoir que *capriccio*

comme symbole, ainsi, livrerait sa propre explication, en guise d'image parlante. Il s'agirait toujours d'une figure de la clarté, à l'image du miel, liquide et transparent. N'oublions pas que, dans le deuxième recueil des *Œuvres* de Saint-Amant, le titre « Le melon » fait immédiatement suite à la pièce liminaire intitulée « Le soleil levant » (II, 5-13). Cette disposition renforce une association tout à fait naturelle entre soleil et melon.

Dans l'« Autonne des Canaries » — îles sous le soleil —, le fait que les « Palmiers » — symboles de « Victoire » — se courbent au sens propre et figuré sous les melons, sert à confirmer la valeur suprême des fruits, en premier lieu du melon, à la rime. Le miel, cet espèce d'or que la nature produit dans un travail long et lent, n'est qu'une nouvelle image pour la poésie. L'apiculture, la culture des melons et l'écriture poétique, au bout d'un long travail, fournissent indistinctement des produits nobles et délicats, destinés à la consommation.

Avant de revenir au melon, il nous reste à regarder du côté des signes obscurs. Nous les trouvons dans une autre strophe de la « Rome ridicule » (III, 10, v. 111-120) :

> Colomnes en vain magnifiques,
> Sots prodiges des Anciens
> Poinctus fastes Egyptiens
> Tous griffonnez d'Hieroglyfiques ;
> 115 Amusoirs de fous curieux ;
> Travaux qu'on tient victorieux
> D'un si puissant nombre de lustres,
> Faut-il que nous voyons par tout
> Tresbucher tant d'hommes Illustres
> 120 Et que vous demeuriez debout ?

Ces « Hieroglyfiques », contrairement au melon, sont présentés par Saint-Amant comme anti-valeurs. Le verbe « griffonner » est d'ailleurs synonyme d'une écriture peu soignée, voire illisible[19]. Le jugement négatif est renforcé par la parenté phonique de la séquence « glyf » dans « Hieroglyfiques » avec le début « grif » de « griffonner ». Ainsi le mot « Hieroglyfiques » donne sa propre étymologie, non moins parlante, par l'association au verbe, que le nom des « Melons », associés au miel. Qu'il s'agisse des fruits ou des « Colomnes », le signe n'est pas

---

résulterait de l'abréviation de *capo ricciuto* (cheveux dressés sur la tête) ; cité par Alice Rathé, « Saint-Amant poète du « caprice » », *loc. cit.*, p. 232.
19. Voir cette entrée dans le *TLF* (http://atilf.atilf.fr/tlfv3.htm).

isolé sur son support, mais forme, dans les deux cas, un véritable texte, dont le sens — solaire ou mélancolique — ne peut se déchiffrer sans le savoir supérieur du poète, qui toutefois, comme ici, renonce parfois à en donner la clé.

Le griffon, animal fabuleux mi-oiseau mi-lion, compris dans le verbe « griffonner », s'insère bien dans l'imaginaire exotique dont les Occidentaux ont toujours investi l'Égypte avec ses sphinx et ses hiéroglyphes. Dès l'époque de la Renaissance, et pour les maniéristes et les baroques, les hiéroglyphes constituaient le langage hermétique par excellence, au point qu'on s'amusait à inventer de nouveaux signes hiéroglyphiques, en guise de rébus ou comme écritures allégoriques[20]. Les « fous curieux » doivent être compris comme les savants qui cherchent à déchiffrer les écritures antiques sur les obélisques que Saint-Amant voyait lors de son passage à Rome[21]. Le poète est dégoûté par la vanité et le vide des signes hermétiques, combien plus durables hélas que les « hommes Illustres » que le temps dévore. Résigné devant leur chute, le poète refuse ici encore le devoir de mémoire, et rejette le présent avec le passé dans sa satire.

Cette posture mélancolique, voire destructrice, se trouve aussi dans le « Caprice » qui est le premier à porter l'indication générique dans son titre. Nous y rencontrons une nouvelle fois nos « Melons », avec un rappel du déluge qui apparaît dans la « Solitude » (III, 141 s., v. 1-26) :

> Tous nos Melons sont fricassez ;
> Adieu les plaisirs de la bouche :
> Les Cieux contre nous courroucez
> Les font pourrir dessus la Couche.
> 5   Il a tant pleu tout aujourd'huy
> Que mon cœur en seche d'ennuy,
> Pensant à ce desastre insigne ;

---

20. Voir les exemples de « Pyramides hiéroglyphiques » inventées au XVIᵉ siècle chez Jean-Claude Margolin, *Rébus de la renaissance : des images qui parlent*, T. I : « Histoire du rébus », Paris, Maisonneuve & Larose, 1986, p. 221-223. Pour le lien entre hiéroglyphes et hermétisme, voir Tibor Klaniczay, *La crisi del rinascimento e il manierismo* (trad. de Ricardo Scrivano), Rome, Bulzoni, 1973, p. 39.
21. Il devait y avoir 8 obélisques à Rome, selon un commentateur du XVIIᵉ siècle (III, 10, note 113). Selon Margolin, *op. cit.*, p. 22 et 61, et Klaniczay, *loc. cit.*, la vogue des hiéroglyphes commence avec les traductions et rééditions des *Hieroglyphica* du grammairien mythique Horapollon, aux XVᵉ et XVIᵉ siècles. Saint-Amant est à Rome en 1633 et y fréquente de nombreux savants (II, XI). C'est là que plus tard, en 1652, le Père Athanase Kircher publie son *Oedipus Aegyptiacus*, une des tentatives les plus importantes de déchiffrer les hiéroglyphes avant le succès de Champollion.

Et si cette abondance d'eau
N'estoit ailleurs propre à la Vigne
10 Je ferois jouër le cordeau. [...]
Mais, où m'emporte ce discours?
Je fais icy le Philosophe;
Muse colere, à mon secours;
Fourny moy de plus rude étoffe:
25 Sus, retourne à ces pauvres fruits
Qu'un second Deluge a destruits

Tandis que dans la «Rome ridicule», les «fastes» importants des obélisques sont transformés en «amusoirs» insignifiants, ici, il s'agit tout au contraire d'un événement anecdotique qui prend l'ampleur d'un «desastre insigne», d'un «Deluge»: le signe possède une portée bien plus universelle maintenant, contrairement à ce que l'on pourrait attendre, étant donné que les fruits sont présentés dans toute leur banalité comme simples «plaisirs de la bouche», mais pourris. On ne reconnaît pas ce même fruit que le «Melon» présentait dans sa noblesse. Au désir d'éradiquer la mémoire des «Hieroglyfiques», dans la «Rome ridicule», correspond ici une tendance suicidaire («je ferois jouër le cordeau»).

On peut dire que le signe hermétique apparaît souvent dans un contexte de destruction: il la révèle ou est révélé par elle[22]. Mais comment accorder ces sombres «Hieroglyfiques» avec les «plaisans chiffres ... pour claire marque» du «Melon»? — Pour répondre à cette question, on doit recourir à la notion du grotesque, capable de réunir ces contraires tout en rendant compte de l'hermétisme de Saint-Amant: le melon peut apparaître comme valeur suprême ou comme fruit banal et pourri, comme dans le «Caprice». Dans le grotesque, l'un n'exclut pas l'autre. Contrairement au miel doré, produit durable élaboré par des êtres nobles et jolis, les abeilles et les fleurs, le melon est un fruit à la fois grossier et fragile qui, les jardiniers le savent, grandit vilement sur une couche de fumier[23].

---

22. Le sentiment de destruction est typique pour la crise de la Renaissance qu'a si bien illustrée Tibor Klaniczay, *op. cit.*, p. 28-30.

23. Voir le *Dictionnaire de l'Académie* (1694): «COUCHE. s.f. [...] En termes de jardinage, il se dit des planches relevées & faites ordinairement de fumier meslé avec de la terre pour semer des melons, des concombres, du pourpié & autres herbages & legumes. Couche de melons. [...] j'ay de bons melons sur cette couche là. il faut eschauffer cette couche-là avec de nouveau fumier». Voir aussi Thierry Delahaye et Pascal Vin, *Le melon et la pastèque*, Arles, Actes Sud, 2002, p. 20: «L'émulation entre jardiniers pour offrir le

C'est aussi par sa taille démesurée, en comparaison avec sa tige et ses feuilles, que le melon peut passer pour grotesque, à l'instar de la citrouille qui, en vertu de sa valeur d'insulte[24], est un légume de peu de valeur. La Fontaine s'en moque pour la même raison dans sa fable « Le gland et la citrouille » : « Combien ce fruit est gros, et sa tige menue[25]. » Quand Saint-Amant dit que les melons sont « fricassez », il utilise le verbe comme synonyme du terme gâchés, alors que selon le Dictionnaire de l'Académie (1694), c'est la citrouille et non le melon qu'on fricasse[26]. Le verbe fricasser, appliqué aux melons, travestit ces fruits en légume banal : le légume est un fruit carnavalesque.

Dans la « Rome ridicule » (III, 59, v. 759 s.) la citrouille se présente déjà comme une espèce de melon parodique : Saint-Amant désigne par ce terme les prostitués masculins de Rome. Déguisés en femmes, selon le poète, ceux-ci « Verront si c'est à la Citroüille / A vouloir faire le Melon. » Le melon appartient à la fois aux légumes et aux fruits. En outre, il fournit une nourriture qui vient de l'excrément[27]. Le melon s'approche ainsi de la définition bakhtinienne du corps grotesque comme binôme indissoluble où croissance et décomposition vont de pair[28]. Dans la « Rome ridicule », le poète se compare avec ce fruit (III, 53, v. 679 s.) : « Bref, je gite en melon de France, / Sur une couche de fumier ». Par fumier, il faut entendre Rome : car au vers 941, le poète désignait les Romains comme un « Peuple, l'excrement de la terre ». D'ailleurs le melon fut, comme le goût des grotesques, importé d'Italie en France, à l'époque de la Renaissance[29].

premier melon au roi Louis XIV à Pâques entraîna la création de variantes précoces, cultivées sur couches chaudes ».
    24. Selon le Dictionnaire de l'Académie, « On dit ... bassement, d'Une grosse femme, que C'est une grosse citrouille » (entrée « CITROUILLE »).
    25. Jean de La Fontaine, Fables, contes et nouvelles (éd. René Groos, Edmond Pilon et Jacques Schiffrin), Paris, Gallimard, coll. « Bibliothèque de la Pléiade », 1954, livre IX, IV, vers 5, p. 220.
    26. « Manger de la citrouille. pain de citrouille. potage à la citrouille. citrouille fricassée. » (entrée « CITROUILLE »).
    27. Selon Toscan, op. cit., p. 1448-1451, chez les burlesques italiens, le melon était à la fois membre viril et derrière. Et selon Delahaye et Vin, op. cit, p. 21 et 69, les melons avaient mauvaise presse chez les médecins, car malgré leur statut de fruits d'été, on les associait à cause de leur humidité avec la froideur ; on s'en méfiait aussi parce que ces fruits poussent directement sur le sol : le médecin italien Panaroli, en 1654, parle du fruit comme « humeur putride de la terre ».
    28. Mikhaïl Bakhtine, L'œuvre de François Rabelais et la culture populaire au Moyen Âge et sous la Renaissance (trad. d'Andrée Robel), Paris, Gallimard, coll. « Tel », 1970, p. 33-40.
    29. Andrea Grewe, « "Pour le plaisir de l'âme et pour le bien du corps" : Poetologische, diätetische und utopische Aspekte der Mahlzeitendarstellung in der Lyrik Saint-Amants »,

2) La poésie hermétique et le jeu

Si l'hermétisme peut conférer à la poésie le prestige du mystère, il n'en reste rien dès que le grotesque fait irruption dans le signe hermétique. À quoi bon donc cette obscurité si elle ne cache rien d'essentiel? Comme on le verra, pour Saint-Amant, l'essence de la poésie — obscure ou non — réside dans le jeu.

Dans le «Palais de la Volupté», notre poète décrit Mercure comme premier et plus intelligent dieu du panthéon. Ce qui est significatif pour nous, c'est que le poète en fait le dieu du jeu (III, 180, v. 77-81):

> Le Demon des tours de finesse,
> Qui dés sa plus simple jeunesse
> Attrappa jadis tous les Dieux,
> 80 Et sur la terre et dans les Cieux;
> L'Inventeur du jeu de la chance

Ce Mercure chez les Grecs s'appelle Hermès: s'il existe un dieu fait pour éclaircir les mystères, c'est bien lui, le messager des dieux. Mais, ironie du sort, on prit le dieu pour baptiser le mythique Hermès Trismégiste, qui donna son nom au terme d'hermétisme[30]. Saint-Amant fait de son Hermès à la fois le dieu du jeu et de la rhétorique (III, 181, v. 87-96). L'hermétisme serait-il un pur jeu?

Jacques Bailbé, dans sa recherche sur la présence du panthéon païen dans l'œuvre de Saint-Amant, note que 55 p. cent des évocations mythologiques concernent Neptune et Apollon, «Bacchus et Vénus accaparent trois cinquièmes du reste[31]». La quantification n'apporte que peu à l'interprétation, car un dieu peut être présenté comme plus important tout en étant moins souvent nommé. Dans le «Melon», Saint-Amant nous donne une vue d'ensemble du panthéon mythologique. Il y nomme très peu Mercure/Hermès. En revanche, ce dieu y jouit d'un privilège suprême: il est dispensé d'apporter un plat au festin des dieux, pour la simple raison qu'il en est l'organisateur, car «il s'estoit chargé de donner ordre à tout» (II, 27, v. 248). En outre, si en

Romanische Forschungen, vol. 112, n° 1, 2000, p. 39-60, en particulier p. 45; et Delahaye et Vin, *op. cit.*, p. 16.

30. Voir Klaniczay, *op. cit.*, p. 64 et 76: en 1614 l'inexistence d'Hermès Trismégiste fut dévoilée.

31. Jacques Bailbé, «La mythologie chez Saint-Amant», dans Louise Godard de Donville (dir.), *La mythologie au XVIIe siècle. Actes du 11e colloque du Centre méridional de rencontres sur le XVIIe siècle*, Marseille, C. M. R. 17, 1982, p. 251.

effet la tradition place la poésie sous le patronage d'Apollon, Saint-Amant souligne qu'Apollon ne saurait faire cet office sans la contribution de Mercure / Hermès : ce dernier construisit le premier luth avec la carapace d'une tortue, respectivement, dans la version de Saint-Amant, avec la « Cocque harmonieuse », l'« escorce » du melon (II, 28 s., v. 276-285). Ailleurs, dans le « Fromage » (I, 232, v. 33-52), Saint-Amant fait allusion à l'histoire d'« Admette », dont les bœufs furent dérobés par Mercure à la barbe d'Apollon qui était chargé de les garder. Ces deux détails nous montrent que, même si en apparence la poésie de Saint-Amant semble révérer l'Apollon solaire, ce dieu de la clarté est doublement inférieur à Mercure / Hermès : il lui doit l'instrument poétique par excellence, le luth, et il se fait tromper par lui. À travers le mythe, Saint-Amant nous fait comprendre que dans sa hiérarchie des valeurs, la poésie se construit par un jeu rhétorique ou le jeu tout court, sans qu'il n'y reste de place pour Apollon.

Dans les vers de la « Chambre du desbauché » cités plus haut, notre poète exploite systématiquement l'isotopie du jeu, plus précisément celle du jeu de hasard : du jeu de dés, on passe au jeu de cartes (I, 225 s.) :

> Quant à la vertu, trois beaux dez
> Sont ses livres d'Arithmetique,
> Par lesquels maints points sont vuidez
> Touchant le nombre d'or mistique :
> 185 Il est plein de devotion,
> Dont la bonne application
> Se fait voir en cette maniere,
> C'est qu'il a dans son cabinet
> Des heures de Robert Beiniere
> 190 A l'usage du lansquenet.

Sous l'Ancien régime, le peuple s'amusait au « lansquenet », un des jeux de cartes les plus répandus même au-delà de cette époque[32]. Les « heures de Robert Beiniere » contiennent peut-être les règles du jeu. Mais pourquoi le poète a-t-il recours à un livre d'« heures » ? Bien sûr, Saint-Amant ironise sur la prière ! Les livres d'heures, ouvrages populaires de vulgarisation religieuse destinés aux laïcs, forment une espèce de moyen terme entre un traité de morale (« la vertu », v. 181) ou d'« Arithmetique » et le jeu populaire du « lansquenet ». Les livres de prières étaient souvent illustrés et, comme le démontre Jean-Claude Margolin,

---

32. Voir l'entrée « lansquenet » dans le *TLF* (http://atilf.atilf.fr/tlfv3.htm).

dans certaines versions, ils comprenaient des rébus, des énigmes en images pour amuser[33]. La prière n'excluait pas le jeu dans la culture de l'époque.

L'hermétisme de cette strophe découle de sa complexité et de sa densité sémantique : accessoirement, le poète joue sur l'isotopie temporelle, prenant les « heures » au sens propre. L'éditeur de Saint-Amant reproduit un commentaire d'époque qui rebondit sur cette thématique : le nombre d'or serait « une revolution de dix-neuf ans, trouvée par Meton Atenien, pour tâcher d'accorder l'année Lunaire avec celle du Soleil » (I, 225, v. 184 et note 184). Cette explication sur un manuscrit d'environ 1670, neuf ans après la mort du poète, prouve que l'effet hermétique existait déjà à l'époque : ce qui nous échappe à nous, lecteurs modernes, échappait déjà aux contemporains de Saint-Amant, d'autant plus que le commentaire reste à la surface et ne déchiffre pas l'essentiel. Car le nombre d'or renvoie aussi à la section d'or ; les « points » évoquent également un problème de géométrie (désignée ici par « Arithmetique »), ou d'esthétique (car les dés sont « beaux »)[34]. En tout cas, la morale ne relève plus de la « vertu », mais de domaines étrangers à elle : elle est finalement évacuée devant l'idée du hasard qui domine le jeu. C'est aussi la question du bon moment qui remplace la question du bien : les « heures », qui comprenaient souvent un calendrier, l'office de la vierge ou celui des défunts assignaient à chaque partie de la journée et à chaque circonstance une prière.

Le poète nous dit que pour un bon épicurien il n'est d'obligation de prier en dehors des plaisirs administrés régulièrement[35]. Bien plus que de « poincts ... vuidez », c'est-à-dire de questions élucidées, il s'agit de gobelets vidés, c'est-à-dire de verres bus. Robert Beiniere ferait-il profession de cabaretier ? — La rime « cabinet » qui précède le nom a une assonance éloquente avec *cabaret*. Le jeu « lansquenet », introduit en France pendant les guerres de religion, prend son nom de l'allemand *Landsknecht*, qui désigne les mercenaires germanophones qui le pratiquèrent, et qui étaient universellement réputés pour leurs beuveries

33. Jean-Claude Margolin, *op. cit.*, p. 168-170.

34. Voir l'entrée « section » dans le *TLF* (http://atilf.atilf.fr/tlfv3.htm) et l'entrée « nombre » d'or : « Nombre idéal (1,618) correspondant à une proportion considérée comme particulièrement esthétique ».

35. L'éloge du hasard et du plaisir dans le jeu sent son Epicure : les épicuriens niaient la providence et les causes finales. Voir Lucrèce, *De natura rerum*, chant II, v. 167183, chant IV, v. 824-857.

démesurées[36], à tel point qu'il en fut formé un nouveau synonyme vulgaire pour *uriner*: *lansquiner*[37]. En conclusion, la «devotion» du héros de cette strophe consiste à consulter un calendrier qui lui dit qu'il est l'heure de boire, comme un héros de Rabelais qui consulte l'oracle de la dive bouteille. On peut aussi songer à l'horloge de Baudelaire dans le poème en prose «Enivrez-vous», qui indique l'«heure de s'enivrer» de «vin, de poésie ou de vertu[38]». Saint-Amant forme ici un pont entre Rabelais et Baudelaire.

La grille thématique que nous venons de déployer peut être appliquée à ce dizain hermétique de la «Rome ridicule» qui décrit le sépulcre pyramidal de Ceste, en partie intégré dans les remparts de l'enceinte antique (III, 35):

> Quelle Pyramide funeste?
> Quel sepulcre en ce mur douteux,
> Contrefait là bas le honteux?
> Ha! c'est celuy du pauvre Ceste:
> 455 Qu'il se declare aux regardans,
> Est-il dehors, est-il dedans,
> Ce goulu, digne de l'histoire?
> Et veut-il en matois accort,
> Pipant les yeux, jouer sans boire
> 460 Des gobelets apres sa mort?

Les «gobelets» évoquent non seulement l'instrument du jeu de dés, dont les «yeux» représentent entre autre les points, mais encore les récipients dans lesquels le mort désire «boire» dans l'au-delà. Tout comme la pyramide se trouve à la fois «dedans» et «dehors», le mort est en partie en vie. Son apparence trompe. D'ailleurs, «Ceste» triche au jeu, car il «pip[e]» les dés. Qu'il joue «sans boire», rien de moins certain, vu qu'on le qualifie de «goulu». Et enfin, «jouer … Des gobelets» renvoie aussi aux tours de passe-passe des escamoteurs qui changent de l'argent ou font parier leur public sur la présence ou l'absence

36. Voir par exemple la présentation des vices par nationalité dans le premier chapitre du *Diable boiteux*: «et là des Allemands déboutonnés, tout en désordre, plus pris de vin et plus barbouillés de tabac que des petits-maîtres français, entouraient une table inondée des débris de leur débauche» (Alain René Lesage, *Le diable boiteux* [éd. Béatrice Didier], Paris, Flammarion, 2004, p. 38).

37. Voir cette entrée dans *TLF* (http://atilf.atilf.fr/tlfv3.htm). Voir aussi Toscan, *op. cit.*, p. 672.

38. Charles Baudelaire, *Œuvres complètes* (éd. Claude Pichois), T. I, Paris, Gallimard, coll. «Bibliothèque de la Pléiade», 1975, p. 337.

d'une pièce sous des gobelets ou des boîtes, évidemment en trichant. «Ceste» imite ainsi Panurge qui, comme le dit Rabelais dans le chapitre XVI de *Pantagruel*, avait dans une poche :

> tout plein de petitz goubeletz dont il jouoit fort artificiellement [...] et, quand il changeoit un teston ou quelque autre piece, le changeur eust esté plus fin que Maistre Mousche si Panarge [sic] n'eust faict esvanouyr à chascune fois cinq ou six grans blancs [...][39].

3) La culture présupposée par l'hermétisme grotesque

À trois reprises, nous avons reconduit l'hermétisme grotesque à une source rabelaisienne[40]. Il apparaît de plus en plus clairement que Saint-Amant exige une solide érudition du lectorat auquel il s'adresse dans ses passages hermétiques. Cette érudition a pour objet paradoxal des contenus scatologiques. Saint-Amant, quand il ne joue pas le philosophe, fait appel à l'humour gaulois chez des gens connaissant leur Rabelais sur le bout des doigts. Rabelais, nourri d'une culture populaire en voie de disparition à l'époque de Saint-Amant, a fini par devenir un auteur pour une élite de bons vivants et de têtes fortes. La langue de Rabelais fournit un matériau duquel on peut tirer des plaisanteries compréhensibles pour ceux qui en connaissent encore le code grotesque. Il en va ainsi dans ces vers de la «Rome ridicule» (III, 74, 961-964), où Saint-Amant décrit la peur («l'effroy») d'une puissance étrangère (l'«Austrasie») devant la force militaire de la France :

> Les Triquebilles d'Austrasie,
> Dont les trois faisoient le Boisseau,
> Se mettroient toutes dans un seau,
> En l'effroy dont elle est saisie

Il y a plusieurs obstacles à la compréhension de ces vers hermétiques : quelle est l'identité des «Triquebilles» et de l'«Austrasie»? Que signifie «faire le boisseau»? — Les lecteurs contemporains, mystifiés, éprouvèrent le besoin d'une explication. Même le commentateur anonyme de Saint-Amant note vers 1670 dans le manuscrit de Conrart une interprétation qui n'éclaire qu'une partie de ce passage obscur (III, 74, note au v. 961)[41] :

---

39. François Rabelais, *Œuvres*, T. IV, *op. cit.*, p. 196.
40. Voir la note 13 et notre chapitre précédent.
41. Description du manuscrit dans une «Notice» à la «Rome ridicule» (III, 1).

L'Austrasie, c'est la Lorraine. Un Duc de Lorraine avoit fait mettre dans ses Drappeaux ces trois lettres, C. D. L. qui signifioyent, Carolus Dux Lotharingiae. Mais les soldats de ce Prince, sur certain bruit qui couroit de luy, les expliquoyent autrement, mettant De Lorraine au lieu de «Dux Lotharingiae» et au lieu de Carolus un Synonyme de triquebilles que tu devineras aisément. Comme il n'y avoit que trois lettres sur les Drappeaux du Duc, ses soldats disoyent qu'il ne faloit aussi que trois de ce que ces lettres signifioyent selon eux pour remplir un boisseau.

Le commentateur, comme on le voit, penche pour une interprétation historique précise, renvoyant à un événement qui certes, relève de l'anecdote, mais concerne des personnes de l'histoire militaire. Le protocole de lecture est allégorique, dans le sens où il ne s'agirait que de trouver les référents historiques cachés sous des allusions littéraires : c'est comme cela qu'au début du xviie siècle on interprétait la *Satyre Ménippée* (1594), qui en effet constitue une espèce de roman à clé, profondément imprégné d'allusions à l'œuvre de Rabelais. Et c'est aussi de manière allégorique, comme le démontre Bakhtine[42], qu'on lisait, à partir du xviie siècle, *Gargantua* et *Pantagruel*, en identifiant tous ces personnages fictifs avec des personnages historiques contemporains de Rabelais, perdant par ce biais beaucoup de substance littéraire.

Le commentateur, par son utilisation de la deuxième personne du singulier, et par son style allusif — «tu devineras aisément» —, établit une complicité avec son lecteur. L'hermétisme du passage n'est donc pas tout à fait évacué par le commentateur, bien au contraire, il joue le jeu mystificateur de Saint-Amant lui-même : sous la plaisanterie de l'Austrasie, s'en cacherait une de plus, celle des trois lettres.

Le commentateur souligne surtout la poltronnerie du duc, c'est là le sens de «certain bruit qui couroit de luy», car le «Synonyme» de «Triquebilles», c'est bien sûr *couilles* qui, comme le mot *couillon* aujourd'hui, signifiaient l'absence de courage au xvie siècle[43]. Le remplissage du «Boisseau» dans la théorie du commentateur insinue qu'effrayé par la puissance militaire de la France, le duc couillon de Lorraine représenté par les trois lettres aurait soulagé son appareil digestif.

Une autre clé du passage semble plus convaincante que celle du commentateur. Il faut la puiser dans l'histoire littéraire, non pas dans l'histoire militaire. L'expression «faire le boisseau» renvoie, une nou-

---

42. Mikhaïl Bakhtine, *op. cit.*, p. 118-120.

43. Entrée «couille» dans Algirdas Julien Greimas et Teresa Mary Keane, *Dictionnaire du moyen français : la Renaissance*, Paris, Larousse, 1992.

velle fois, à l'œuvre de Rabelais. Les «Triquebilles» de Saint-Amant, ce sont en effet, dans le chapitre VIII du *Tiers livre*, les «couilles de Lorraine, les quelles à bride avalée descendent au fond des chausses, abhorrent le mannoir des braguettes haultaines, et sont hors toute methode[44]». La plaisanterie des couilles démesurées de Lorraine était fort connue au XVIe siècle : chez Saint-Amant, elle constitue déjà une réminiscence et finit par acquérir un statut confidentiel dans le cadre du langage hermétique. La plaisanterie se trouve dans le premier chapitre du *Pantagruel* : l'année des grosses «mesles», dont les trois «faisoyent le boysseau», tout le monde en mangea, et certains en eurent les bourses si énormes «que les troys emplissoient bien un muy[45]».

Comme tout passage hermétique, ces vers de Saint-Amant autorisent tout un éventail de lectures, même s'il s'agit d'une plaisanterie. Prenons par exemple le nombre de trois : d'un côté, il s'agit d'une utilisation humoristique du langage marchand et publicitaire, typique de Rabelais[46]. Par ailleurs, nous avons une allusion codée à la copulation, acte désigné par l'expression «faire le boisseau» : dans le langage équivoque des écrivains burlesques, le chiffre de trois renvoie aux génitaux masculins, composés en effet de trois unités[47].

Nous venons d'atteindre les bas-fonds de l'hermétisme de Saint-Amant : nous voyons comment l'hermétisme par le bas nie l'hermétisme spirituel. Toutefois, l'hermétisme grotesque de Saint-Amant observe encore le contrat de communication exclusif qui caractérise tout langage hermétique : le groupe d'initiés auquel il s'adresse dispose d'un savoir supérieur, prophétique ou ancestral, fait de codes obscurs que le peuple ne sait pas ou ne sait plus déchiffrer, quoique Rabelais fut à cette époque moins réputé pour son raffinement humaniste que pour son succès populaire : l'univers grotesque de Saint-Amant est pétri de réminiscences d'une œuvre, celle de Rabelais, qui moins d'un siècle après sa création, s'éclipsa devant un monde littéraire bientôt régi par les bienséances classiques, l'Académie française et la cour du roi absolutiste. L'effet peuple et le grotesque ne survécurent qu'un temps dans les genres marginaux, chez les fabulistes, les épicuriens et les capricieux.

---

44. François Rabelais, *Œuvres*, T. V, *op. cit.*, p. 77.

45. François Rabelais, *Œuvres*, T. III, *op. cit.*, p. 13 et 17.

46. Voir Mikhaïl Bakhtine, *op. cit.*, p. 163, notamment en ce qui concerne le prologue de *Gargantua*.

47. D'après Freud cité par Jean Toscan, *Le carnaval du langage. Le lexique érotique des poètes de l'équivoque de Burchiello à Marino (xv*[e]*-xvii*[e]* siècles)*, Lille, Presses universitaires de Lille, 1981, p. 941.

L'hermétisme grotesque ne serait ainsi qu'un clin d'œil de l'histoire littéraire, un épisode passager. Mais dès que nous reprenons l'étude des thèmes et notamment celui du jeu à perte qui démarque l'hermétisme grotesque et bas, nous constatons un courant plus profond dans la longue durée de l'histoire littéraire. Nous pouvons maintenant établir une filiation qui mènerait de Rutebeuf à Baudelaire en passant par Saint-Amant : le motif du jeu, avec les jeux de langue, s'accompagne chaque fois d'un brouillage des relations entre acteurs, par l'utilisation d'identités floues et de noms mystérieux, et se combine avec un dérangement réel ou possible dans l'ordre des temps au sens climatique et chronologique, ainsi qu'avec la promesse ou la menace d'une révolution.

4) Le jeu à perte dans l'hermétisme de Rutebeuf, Saint-Amant et Baudelaire

Rutebeuf joue avec les mots dans sa «Griesche d'esté». Pour les non-initiés, le vocabulaire technique du jeu qui s'y trouve reste obscur. La «Griesche» personnifiée, qu'on peut tenter de rendre par *guignon* ou *malchance*, possède un nom énigmatique qui l'éloigne du statut d'un concept clairement défini. Comme tout nom propre, il ne peut en réalité se traduire :

15   Tout torne a perte ;
        Et la griesche est si aperte
        Qu'«eschec» dit «a la descouverte»
        A son ouvrier
        Dont puis n'i a nul recouvrier.
20   Juingnet li fet sambler fevrier :
        La dent dit «Cac»,
        Et la griesche dit : «Eschac»[48].

Le jeu avec le vocabulaire des échecs donne lieu à un jeu avec les sons presque vides de sens, avec le claquement des dents dans un été froid et le cri de victoire de la «griesche» (v. 21 s.). Paradoxalement, la «griesche», cette force obscure, est décrite dans des termes évoquant l'ouverture et l'évidence («aperte»). Selon le même paradoxe, le mois

---

48. Rutebeuf, *Poèmes de l'infortune et autres poèmes* (éd. Jean Dufournet), Paris, Gallimard, 1986, p. 40-46. En ce qui concerne l'expression «a la descouverte» (v. 17), voir le commentaire à la p. 293 : «… un joueur, obligé de déplacer une pièce couvrant le roi, fait tomber celui-ci sous l'échec d'une pièce de l'adversaire». Mais «a la descouverte» signifie aussi que la victime de la «griesche» n'a pas de vêtement pour se couvrir contre le froid d'été.

de juillet a des airs de février : cette inversion dans le temps climatique caractérise aussi le « Caprice » que Saint-Amant rédige en 1632, avec son été pluvieux. Si le début de la « Griesche d'esté » privilégie le jeu d'échecs, à la fin du même texte, Rutebeuf décrit les pauvres compagnons du poète en joueurs de dés, ruinés par le jeu et la boisson : « Tout ont joué, tout ont beü[49] ».

Quant à Saint-Amant, il exploite également des noms et des surnoms obscurs, populaires ou historiques, comme « Robert Beiniere », « Ceste » et « Triquebilles ». Il utilise aussi le *topos* associant jeu de dés et beuverie. Dans la tradition de Rutebeuf, il a fourni de nombreuses pièces, comme la « Chambre du desbauché » (I, 215-229) ou le « Poëte crotté » (II, 32-70), qui évoquent l'image du poète maudit. Mais le jeu présuppose l'appartenance à un groupe de personnes averties qui connaissent ses règles. On devrait donc parler d'élite maudite ou d'un privilège de maudits : le jeu présuppose de savoir manier avec une certaine habileté les signes, qu'il s'agisse de dés, de cartes ou du langage hermétique de la poésie. Souvent, cette supériorité n'est obtenue qu'au prix d'une marginalisation à l'intérieur de la bonne société établie. D'une part, le poète, à force de trop jouer dans son cercle, finit par creuser son exil de la société. D'autre part, à force de perdre, le jeu désormais gratuit ne consistera plus qu'en l'espérance d'une réparation, d'un retour au temps d'avant la perte, temps aussi où le signe poétique renvoyait à une plénitude du sens.

En ce qui concerne l'influence sur Baudelaire, les éléments dégagés chez Saint-Amant peuvent jeter un éclairage intéressant sur le poème qui ouvre la séquence des « Spleen » dans les *Fleurs du mal*. Marie Malkiewicz-Strzalko a déjà effectué un rapprochement entre ce texte et des passages de Saint-Amant : dans les « Visions », elle retrouve un « Chien maigre » (I, 126, v. 7) pour le chat de Baudelaire, et une « voix plaintive » (I, 127, v. 29) pour la « triste voix » et le « fausset » qui apparaissent dans le « Spleen » ; des « Chats » de gouttière (II, 205, v. 58) sont évoqués dans la « Pétarrade aux rondeaux », où le poète fait apparaître, comme par magie, un groupe de poètes en partie déjà morts (II, 205, v. 60), préfigurant ainsi l'âme errante du poète chez Baudelaire[50]. Nous croyons pouvoir rapprocher ce « Spleen » avec un autre texte de Saint-Amant, le « Caprice » de 1632 (II, 141-143), dont il suffit de reproduire

49. Rutebeuf, *op. cit.*, p. 46, v. 97.

50. Marie Malkiewicz-Strzalko, *loc. cit.*, p. 365. À la p. 368, elle évoque un autre passage de Saint-Amant (« La Nuict » : I, 144, v. 49 s.), où l'on trouve un chat de gouttière.

deux dizains, rapprochement qui permettra de renforcer encore l'impression que Baudelaire s'inspire de notre poète baroque :

Tous nos Melons sont fricassez ;
Adieu les plaisirs de la bouche :
Les Cieux contre nous courroucez
Les font pourrir dessus la Couche.
5 Il a tant pleu tout aujourd'huy
Que mon cœur en seche d'ennuy,
Pensant à ce desastre insigne ;
Et si cette abondance d'eau
N'estoit ailleurs propre à la Vigne
10 Je ferois jouër le cordeau. (...)

Quoy, cét An bornera ses pas
Sans que j'en soule mon envie,
Et je ne l'effaceray pas
Du nombre de ceux de ma vie ?
35 Si feray-da, je le promets ;
Il ne s'en parlera jamais
Si l'âge futur m'en veut croire :
Oste-toy six cens trente-deux,
Ou ne te monstre dans l'Histoire
40 Que comme un fantosme hideux.

Pluviôse, irrité contre la ville entière,
De son urne à grands flots verse un froid
ténébreux
Aux pâles habitants du voisin cimetière
Et la mortalité sur les faubourgs brumeux.

5 Mon chat sur le carreau cherchant une litière
Agite sans repos son corps maigre et galeux ;
L'âme d'un vieux poète erre dans la gouttière
Avec la triste voix d'un fantôme frileux.

Le bourdon se lamente, et la bûche enfumée
10 Accompagne en fausset la pendule enrhumée,
Cependant qu'en un jeu plein de sales
parfums,

Héritage fatal d'une vieille hydropique,
Le beau valet de cœur et la dame de pique
Causent sinistrement de leurs amours défunts[51].

L'hermétisme des deux passages réside dans la multiplication déconcertante des acteurs et des personnifications : quel est le rapport entre l'«An», l'«âge futur» et le «fantosme hideux» chez Saint-Amant, qui devient un «fantôme frileux» chez Baudelaire ? Il y a certainement aussi une équivalence entre «nos Melons» et «mon chat», ces deux acteurs au corps grotesque et malade («fricassez» / «galeux»), dans le sens où, dans leur inquiétante familiarité, ils appartiennent au poète, comme l'indiquent les pronoms possessifs. Tous les deux contribuent à déclencher le «Caprice» ou le «Spleen». En plus, les deux textes s'ouvrent sur un déluge qui contribue à une ambiance de destruction, voire d'autodestruction. L'isotopie du jeu sert à décrire le suicide par pendaison chez Saint-Amant, qui fait «jouër le cordeau», alors que le jeu de cartes non moins «fatal» évoque les «amours défunts» chez Baudelaire : dans chaque cas, le jeu se place sous le signe de la *perte*.

Le deuxième dizain de Saint-Amant que nous reproduisons, ainsi que les tercets de Baudelaire, proposent au lecteur un casse-tête hermétique. Dans le premier cas, celui-ci prend forme d'une devinette en

---

51. Charles Baudelaire, *op. cit.*, p. 72.

guise de problème mathématique : le poète ne se tuera pas avant la fin de l'« An ». Le verbe « soule » évoque en même temps la plénitude de vie que la plénitude de vin, ce qui n'étonne pas après l'idée consolatrice de la « Vigne » dans le premier dizain. Remplissant donc l'« An », cela fera que le poète pourra le soustraire — « l'effacer » — du présupposé nombre total d'années qui lui restent dans sa « vie ». S'adressant à tout un « âge », qui prend ici la valeur d'un millénaire, d'une époque, il somme cette dernière de soustraire les 632 ans de l'an 1632, qui est la date à laquelle le poète écrit. Il en résulte le nombre de mille ans du passé, l'équivalent du « fantôme » qui hante la mémoire dans le présent. Saint-Amant secoue donc, par le biais de sa soustraction et en sus du déluge, le spectre du millénarisme, qui prédit une fin du monde chaque fois qu'un millénaire s'achève. L'allusion au calendrier révolutionnaire chez Baudelaire, sous le nom de « Pluviôse », est peut-être une manière d'évoquer une catastrophe au sens étymologique du mot : toute révolution n'est-elle pas un retournement, comme le veut le sens littéral du verbe grec κατα–στρεφω ? Mais le calendrier révolutionnaire, au temps de Baudelaire, tout comme le millénarisme au temps de Saint-Amant, n'est plus qu'un passé mythique : le retournement adviendrait en pure perte, sans retour possible.

L'hermétisme joue son jeu d'anti-mémoire : que chez Baudelaire les interlocuteurs soient un « beau valet de cœur » et une « dame de pique », cela ne renseigne que de manière allusive sur leur histoire. Ainsi, le valet sera inférieur à la dame qui, elle, est peut-être malade ou vieille, comme sa rime « vieille hydropique » et en tout cas le « pique » l'évoquent : il y a là quelque chose de noir et de vaguement agressif. On n'en saura pas beaucoup plus. L'hermétisme du motif du jeu, chez Saint-Amant comme chez Baudelaire, postule un oubli en dessous des cartes et des signes hermétiques : ce sont des signes fantomatiques qui véhiculent un sentiment de destruction.

Du point de vue de l'histoire du grotesque, ainsi, Saint-Amant se situe à un tournant : Dominique Iehl rappelle les conceptions concurrentes du grotesque chez Bakhtine et Wilhelm Kayser :

> Dans toutes les œuvres étudiées, Kayser retrouve une même structure grotesque. Mais ce qu'il appelle grotesque n'a plus rien de commun avec l'expansion dynamique, avec la prolifération joyeuse de l'univers rabelaisien. Ce qui était dilatation et jouissance devient frustration et réduction. Pour Bakhtine, le grotesque signifie une prise de possession du réel. Pour Kayser, il surgit dans le sentiment effrayant que toute réalité se dérobe

[…]. W. Kayser décrit un processus de destruction progressive, la prise de conscience de l'abolition de l'ordre, de la cohérence et du sens[52].

Nous avons lu Saint-Amant à la lumière du grotesque rabelaisien dans la théorie de Bakhtine. Sans doute Saint-Amant tenait-il d'autant plus au bonheur secret dans le message rabelaisien, que l'époque baroque baignait désormais dans ce sentiment de perte qui prédomine pour Kayser dans le grotesque.

Conclusion : sérieux et vanité du jeu dans l'hermétisme grotesque

Qu'en est-il alors de son sérieux, si l'hermétisme, au lieu d'ouvrir la voie du mystère à l'esprit, ne crée que de l'oubli et des fantômes grotesques, dans un jeu vain? — Dans la préface de son «Moyse sauvé», au contraire, Saint-Amant semble nous dire qu'il croit à un sens profond (V, 20) :

Le Tasse dit en ses Discours du Poëme heroïque qu'il avoit fait plus de la moitié de sa Jerusalem sans avoir songé aux Allegories, mais qu'il y songea dans tout le reste. Je ne feindray point de dire là-dessus que j'y ai songé en la pluspart de mes inventions ; & que tous les accidents qui arrivent à Moyse dans le Berceau (…) contiennent encore quelque chose de misterieux. Il y a un sens caché dessous leur escorce, qui donnera dequoy s'exercer à quelques Esprits ; mais dans la recherche qu'ils en pourront faire, peut-estre me feront-ils dire des choses à quoy je ne pensay jamais.

En réalité, par la prétérition «Je ne feindray point», il prend ses distances par rapport à sa propre œuvre. Tout à fait moderne, il accorde leur liberté aux lecteurs, qui pourront «s'exercer», c'est-à-dire jouer. La posture de Saint-Amant n'est pas si éloignée de celle de Rabelais qui, dans le prologue du *Gargantua*, fait croire à un message secret, la fameuse «sustantificque mouelle». Cette fameuse «mouelle» parodie, dans sa matérialité, le type de littérature qui veut être trop spirituelle[53].

«Le Contemplateur» de Saint-Amant, poème dont le sérieux n'a jamais été mis en doute, conformément au titre ambitieux, se termine par une désillusion en ce qui concerne l'accès à un sens profond du monde (I, 53 s., v. 90-100) :

52. Dominique Iehl, *Le grotesque*, Paris, PUF, coll. «Que sais-je?», 1997, p. 13.
53. François Rabelais, *Œuvres*, T. II, *op. cit.*, p. 12.

90 Je loge en moy tout l'Univers.

Là, songeant au flus et reflus,
Je m'abisme dans cette idée ;
Son mouvement me rend perclus,
Et mon Ame en est obsedée : (...)
Mais quand je veux bien l'esplucher,
J'entends qu'on n'y peut rien entendre,
100 Et qu'on se pert à le chercher.

Le poète semble ici avoir trouvé un rapport non médiatisé, spontané et direct avec la réalité, logeant en lui «l'Univers». Dès que la réflexion commence à «esplucher» — notons l'allusion gastronomique aux fruits ! —, à creuser le sens du «flus» et du «reflus», le sujet n'entend «rien» et se «pert». Il devient «perclus», c'est-à-dire hermétiquement fermé au sens[54]. Là réside à notre avis la valeur du signe grotesque (dans la définition de Bakhtine !) : étant lié à la réalité par les sens, il comprend une immédiateté que l'hermétisme spirituel pur n'a pas. Il peut chercher à aller au-delà, mais il n'y trouvera plus de quoi remédier à sa mélancolie. Saint-Amant, dans sa poésie descriptive, nous peint souvent la présence actuelle et matérielle des choses dans toute leur sensualité : le vin, le fromage et les fruits. S'il est écrivain de guerre par nécessité, il se fait chantre du pacifisme par choix[55]. Or, la paix est motivée par les plaisirs sensuels de la vie, par une vie voulant être vécue au présent, d'autant plus que la mélancolie existe mais qu'on peut en réchapper. Que le signe soit grotesque au sens bakhtinien, cela nous empêche de nous perdre dans le mystère du sens profond ou dans un passé obscur et mélancolique, car il offre toujours un passage vers le présent et la présence[56]. Si dans ce sens, le jeu est vain, il n'en est pas moins nécessaire.

54. Nous rejoignons ici Luciano Erba à propos du «Melon» («Grimaces et melon», dans Ulrich Döring, Antiopy Lyroudias et Rainer Zaiser (dir.), *Ouverture et dialogue*. *Mélanges offerts à Wolfgang Leiner*. Tübingen, Gunter Narr, 1988, p. 147-150.
55. Mercure / Hermès, en raison de ses pouvoirs rhétoriques et diplomatiques, devient un dieu de paix chez Saint-Amant, tout comme Bacchus et Vénus. Voir aussi le «Palais de la Volupté» (I, 180-184, v. 77-172) et la «Cassation de soudrilles» (I, 260-265).
56. Paradoxalement le sujet, en prenant une distance ironique par rapport aux *signes*, renforce la présence de *l'objet*, et n'augmente pas la distance, comme c'est le cas normalement avec l'ironie. Pour la problématique de la distance, voir l'analyse du «Mauvais Logement» (II, 144-149) chez David Lee Rubin, «Consciousness and the External World in A Caprice by Saint-Amant», *Yale French Studies*, vol. 49, 1973, p. 170-177 et en particulier p. 176.

Des traces et des spectres : une lecture de *Pompes funèbres* de Jean Genet

MELINA BALCÁZAR MORENO

> Lorsque s'éteignait le bûcher Funéraire, et que s'achevait le dernier adieu, ceux qui prenaient une fois pour toutes congé de leurs Amis ensevelis, ne s'attendaient guère que la curiosité des âges futurs ferait réflexion sur leurs cendres, et n'ayant aucune expérience quant à leur durée de leurs restes, ne s'intéressaient pas aux remarques d'un temps à venir.
>
> Mais qui peut connaître le destin de ses os, ou savoir combien de fois on l'enterrera ? Qui détient l'oracle de ses cendres, ou sait en quel lieu elles seront dispersées ?
>
> Thomas BROWNE, *Les urnes funéraires*[1]

Comment *apprendre* la mort de l'autre ? Les informations exactes sur sa mort suffiraient-elles pour en rendre compte ? C'est ce que semble se demander l'écriture de *Pompes funèbres* (1947). Dans les premières pages du roman, le narrateur, « Jean Genet », essaie de reconstituer les circonstances de la mort de son amant. Il *apprend* que Jean Decarnin a été assassiné le 19 août 1944, dans la rue Belleville, au pied d'un arbre en face du numéro 52. Il se rend à l'endroit de l'événement et il y trouve cette inscription faite à l'encre noire : « Ici est tombé un jeune patriote. Nobles Parisiens, déposez une fleur et observez un instant de silence. » Et Genet poursuit : « "jeune", mais il me sembla que la certitude de la mort de Jean ne devait dépendre d'un mot qu'on peut effacer. "Et si je

1. Thomas Browne, *Les urnes funéraires* (trad. de Dominique Aury), Paris, Le Promeneur, 2004.

l'effaçais² ?" ». Il réagit alors contre cette certitude, contre cette déclaration de la mort de l'autre qui clôture l'événement. Et si un autre aurait été tué là à la place de Jean ? Ce refus d'accepter sa mort entraîne la recherche d'une écriture qui *apprenne* autrement la mort de l'autre. Mais que nous *apprend* sa mort ? Elle montre les dangers qu'une certaine écriture sur les morts pourrait entraîner, celle qui écrit « maladroitement », « impoliment », « indécemment » (*PF*, 37), comme ce mot qui dit la mort du jeune résistant sur un quelconque papier à lettres rayé. Le roman se construit ainsi comme une interrogation sur les rapports entre l'écriture comme inscription et la mémoire. Comment combattre l'oubli auquel ce discours « indélicat » condamne les morts si le seul recours disponible, c'est les mots et si « les mots sont des mots et qu'ils ne changent rien aux faits » ? (*PF*, 36).

« La mort de Jean D. »

Le roman s'écrit contre ce discours qui dit indécemment la mort de l'autre. Un tel discours ne fait que la constater, autrement dit, il fait d'elle quelque chose d'observable qui pourrait être transmis comme s'il s'agissait de l'information. Dans un passage du début du roman, Genet expose les formes d'écriture dont il pourrait disposer pour parler de Jean :

> À propos de ce héros que fut Jean D., j'aurais voulu parler encore sur un ton précis, le montrer en citant des faits et des dates. Cette formule est vaine et trompeuse. Le chant seul dira le moins mal ce qu'il fut pour moi, mais le registre des poètes est réduit. Si le romancier peut aborder n'importe quel sujet, parler de n'importe quel personnage avec toujours une précision rigoureuse et obtenir la diversité, le poète est soumis aux exigences de son cœur [...], et tous les personnages de mes livres se ressemblent. Ils vivent, à peine modifiés, les mêmes moments, les mêmes périls, et pour parler d'eux, mon langage inspiré par eux redit sur un même ton les mêmes poèmes. (*PF*, 73-74)

Cette écriture, au « ton précis », est repoussée, car elle est perçue comme un piège. Elle fait croire à la possibilité de saisir l'événement de la mort. Si elle est « vaine », c'est parce qu'elle ne peut rien dire sur celui-ci et qu'elle prétend tirer sa légitimité de la référence, de ce qui se serait vraiment passé. Mais l'écriture des romanciers est également inadé-

2. Jean Genet, *Pompes funèbres*, dans *Œuvres complètes*, T. III, Paris, Gallimard, p. 35. Dorénavant désigné à l'aide les lettres *PF*, suivies du numéro de la page.

quate, puisqu'elle a aussi recours à «une expression rigoureuse» et donc trompeuse. Si le roman ne peut pas *apprendre* adéquatement la mort de Jean, c'est parce qu'il fait partie, selon Genet, des divers dispositifs de conservation de la mémoire qui sont en réalité une forme convention-nelle, voire officielle d'oubli. Ce sont des formes qui tirent leur efficacité du constat de la mort, de ce qui donne la mort. Et c'est justement cette efficacité rassurante des écritures constatives qui met en danger, pour lui, la mémoire des morts. Il s'agit donc de «dire la gloire de Jean D.» (*PF*, 10) autrement, ce qui ne pourra être réalisé sans s'opposer à l'effica-cité du constatif. La répétition ou insistance obsessionnelle apparaîtrait ainsi comme le registre propre au chant des morts.

Le moment de la Libération semble représenter pour l'écrivain un moment de danger, car les morts sont oubliés. Ils sont en quelque sorte surexposés et montrés de manière impersonnelle (comme dans les photographies journalistiques commentées au début du roman[3]) et Jean Decarnin resterait parmi eux si Genet ne lui avait pas consacré son roman. Tout au long du récit, on trouve en effet des références aux journaux de l'époque, elles sont comme le contrepoint des histoires que Genet fait vivre aux personnages qu'il dédie à Jean[4]. L'inclusion du discours des journaux dans le roman fait partie d'une critique de l'écri-ture de l'information, celle qui apprend habituellement la mort de l'autre. C'est justement contre le constat, contre l'illusion de l'immé-diateté et d'une certaine appréhension totale de l'événement que le récit s'écrit. Ainsi l'écriture genetienne ne se livre pas et n'est jamais présente. Elle acquiert une force critique par cette mise en question de sa propre perceptibilité.

Le roman s'oppose en effet à une approche empirique de l'écriture. Dans une lettre adressée à Jean Ristat, Genet cite un passage de «La pharmacie de Platon» de Jacques Derrida :

> Un texte n'est un texte que s'il cache au premier regard, au premier venu, la loi de sa composition et la règle de son jeu. Un texte reste d'ailleurs un texte imperceptible. La loi et la règle ne s'abritent pas dans l'inaccessible d'un secret, simplement elles ne se livrent jamais au présent, à rien qu'on puisse rigoureusement nommer une perception[5].

3. Voir *PF*, p. 9.
4. Voir notamment *PF*, p. 134.
5. Jacques Derrida cité par Jean Genet, *Les lettres françaises*, 29 mars 1972. Ce passage correspond au début de «La Pharmacie de Platon» dans *La dissémination*, Paris, Seuil, coll. «Tel Quel», 1992, p. 79. Voir sur cette question la lecture de Derrida de l'œuvre de Genet, *Glas*, Paris, Galilée, collection «Digraphe», 1974, p. 91-92.

L'importance qu'il accorde à ce passage permet de mieux mettre en évidence la portée de sa réflexion sur la littérarité dans *Pompes funèbres*. Coupée de son origine et de sa fin, l'écriture devient cette illisibilité immédiate qui seule donne véritablement à lire. Elle ne peut pas alors être réduite à une perception, c'est-à-dire à une appréhension immédiate et totale qui annulerait toute altérité, car pour que l'écriture soit, elle devrait demeurer un appel. Mais cette réflexion est indissociable d'une pensée du politique et de l'éthique. Si l'écrivain met en doute cette perceptibilité de l'écriture, c'est parce qu'elle présuppose un mode de penser, voire d'appréhender ces questions, considéré comme dangereux : celui qui fait résider la vérité et la réalité dans ce qui relève du phénomène. Pour ce mode de pensée, le propre du langage serait la frivolité et l'imprécision[6]. Et c'est justement pour cela que l'écrivain choisit le moins fiable des langages, celui d'une subjectivité et d'une liberté narrative extrêmes. Il ne reste plus aucun souci de réalisme ni de naturalisme dans son écriture. Son attention se concentre alors sur le rapport des «mots» entre eux, un rapport qui est pour lui magique.

S'il définit son travail en tant qu'«œuvre de sorcellerie» (*PF*, 43), c'est à cause des possibilités performatives que cette pratique ouvre. Mais la magie dont il est question ici est celle des sorcières, ambiguë, illicite, exclue, persécutée. De même que la sorcellerie, l'écriture de Genet tire son efficacité de la subversion de l'ordre social et politique établi à travers une subversion de l'ordre des mots et des lettres et une sexualité excessive et stérile[7]. Cette «œuvre de sorcellerie» se poursuit dans l'attention que le texte porte à «la magie des lettres[8]», notamment, à la lettre «D», celle du nom de famille de Jean. Comme l'écrit Patrice Bougon[9], cette lettre et le préfixe «dé-» ont «une productivité textuelle particulière» et imposent leur loi dans *Pompes funèbres*. Cette lettre non seulement donne naissance au «mouvement déstructurant» qui dirige l'écriture contre les discours institutionnels et contre elle-même, mais elle produit une réflexion sur l'inscription du corps dans l'écriture et, en particulier, celle du corps de Jean D.

6. Voir Ana María Martínez de la Escalera, *Algo propio, algo distinto de sí. Ensayos sobre Dante, Gracián y la astucia del lenguaje*, Barcelone, Anthropos, 2001, coll. «Biblioteca A», n° 42, p. 98-120.
    7. Voir notamment l'étude d'Esther Cohen, *Le corps du diable : philosophes et sorcières à la Renaissance* (trad. de Fabienne Bradu), Paris, Léo Scheer, coll. «Lignes», 2004.
    8. *Ibid.*, p. 104.
    9. Voir Patrice Bougon, «Le travail des mots et la décomposition narrative dans *Pompes funèbres*», *Roman 20/50*, n° 20, décembre 1995, p. 67-83.

Mais il s'agit d'un corps qui souffre, le corps de Jean marqué par la violence des balles de mitraillette qui ont provoqué sa mort. Et les traces sur son corps configurent autrement l'écriture. Si, comme le souligne Gilles Deleuze[10], toute chair qui souffre, c'est de la viande, en quoi ce rapprochement entre la matérialité de l'écriture et le corps, compris comme chair et viande[11], transforme-t-il le projet du roman? Ce rapprochement modifierait-il le mode rhétorique du texte, l'exploration des possibilités du langage, ou encore, le rapport du texte au politique?

En effet, la question du corps ne concerne pas uniquement sa représentation, celui-ci fonctionne aussi comme paradigme figuratif de l'écriture : «Le corps de Jean était un flacon de Venise. Je ne doutais pas que ne vînt un moment que *ce langage merveilleux tiré de lui*, [...] ne réduisit son corps, ne l'usât jusqu'à la transparence, jusqu'au grain de lumière[12].» Ce «langage merveilleux» fait, d'une part, référence à la perfection technique, au luxe et au faste auxquels Genet associe les figures, mais, d'autre part, il met l'accent sur leurs possibilités performatives, car le merveilleux fait aussi référence au magique. Pourtant, ce qui ressort principalement de cette citation, c'est le danger que la métaphore peut entraîner. Elle peut user le corps, le faire disparaître dans l'oubli.

Comme le remarque avec justesse Derrida,

> on ne devrait jamais parler de l'assassinat d'un homme comme d'une figure, pas même une figure exemplaire dans une logique de l'emblème, une rhétorique du drapeau ou du martyre. La vie d'un homme, unique autant que sa mort, sera toujours plus qu'un paradigme et autre chose qu'un symbole. Et c'est cela même que devrait toujours nommer un nom propre[13].

Si la figure est ici problématique, c'est parce qu'elle peut fonctionner comme un généralisant, ce qui par rapport à la mémoire des morts serait une manière de les oublier comme personnes singulières.

Le narrateur-auteur est conscient de ce danger, il souligne à plusieurs reprises les contradictions de son projet d'écriture. Comment

10. Sur cette problématique, on consultera avec profit l'essai de Gilles Deleuze, *Francis Bacon : logique de la sensation*, Paris, Seuil, coll. «L'ordre philosophique», 2002.
11. Le nom de famille de Jean, «Decarnin», indiquerait ce rapprochement car il fait aussi résonner le mot «carne». Voir Jean Genet, «Ce qui est resté d'un Rembrandt déchiré en petits carrés bien réguliers et foutu aux chiottes», dans *Œuvres complètes*, T. IV, *op. cit.*, p. 28.
12. *Ibid.*, p. 48. (Nous soulignons.)
13. Jacques Derrida, *Spectres de Marx*, Paris, Galilée, 1993, p. 11.

pourrait-il en effet justifier des affirmations où il fait du jeune résistant mort la métaphore emblématique qui couronne son récit : « Comme un pavillon de soie, armé d'un aigle d'or brochant les ténèbres, je brandis au-dessus de ma tête la mort d'un héros » (*PF*, 123). Les problèmes principaux que pose un emblème fonctionnant comme symbole seraient ceux d'une instrumentalisation et d'une esthétisation de la mort de l'autre, comme cela se produit pendant les funérailles « officielles » de Jean.

> Par la mort de Jean D. m'est révélé le sens des grandes funérailles que les nations accordent à leurs héros. D'un peuple qui a perdu l'homme qui accaparait son attention, le chagrin fait accomplir à ce peuple les plus étranges fantaisies : drapeaux hissés mi-la hampe, discours, radios, rues portant son nom… Par cet enterrement la famille de Jean connaissait les fastes, les pompes princières et la mère était anoblie par cet écusson portant le D majuscule brodé d'argent. (*PF*, 160-162)

La lettre « D », ancien blason de la famille Decarnin, signifie ici en tant que symbole de noblesse, il est là pour la gloire de la France et il efface ainsi la singularité de la mort de Jean, il ne reste aucune trace de sa souffrance. De même, le nom du héros ne désigne plus quelqu'un, il est un symbole qui est à la place du mort et élimine sa singularité pour l'intégrer au discours officiel.

Mais il y a une autre dimension de l'emblème qui s'oppose à cette forme d'oubli. Le narrateur-auteur détourne cet usage pour écrire autrement la mort de son amant : « C'est sous l'empire de la mort encore jeune de Jean, rouge de cette mort et l'emblème de son parti que j'écris » (*PF*, 121). La couleur rouge du parti communiste est imprégnée du sang de Jean, le rouge devient l'emblème de sa souffrance et la métaphore emblématique condense le conflit entre le privé et le public. Le problème auquel se heurte l'écriture, c'est celui de garder la singularité de la mort de l'autre, malgré la logique généralisante de l'institutionnel. C'est ainsi que le nom de Jean apparaît dans le roman comme une inscription, comme un « fragment hautement significatif[14] ». Si son nom se répète sans cesse tout au long du récit, il ne s'agit pas pourtant d'une question de rythme, de chant, mais, bien plutôt, d'une question de mémoire. « La mort de Jean D. » apparaît par cette répétition comme la trace ineffaçable de l'ami mort qui hante l'ensemble du roman.

---

14. Walter Benjamin, *Origine du drame baroque allemand* (trad. de Sibylle Muller), Paris, Flammarion, coll. « La philosophie en effet », 1985, p. 233-248.

L'allégorie ou «s'emparer d'un souvenir tel qu'il surgit à l'instant du danger[15]»

Dans *Pompes funèbres*, on trouve la tentative de récupérer poétiquement l'événement en offrant à Jean de nouvelles funérailles. Et c'est dans le rhétorique, ou bien plutôt dans l'allégorique, que se présente l'occasion d'empêcher la clôture de l'événement accomplie par le travail du deuil. Mais est-il possible de se soustraire à la fascination suscitée par le spectacle de l'allégorique? On abordera cette question à partir du rapport de l'allégorie à la mort qui ne se présente pas seulement dans le roman comme un «thème macabre» (*PF*, 10). Car l'allégorie permettrait, selon le mot de Walter Benjamin, de «retenir l'image du passé qui s'offre inopinément au sujet historique à l'instant du danger» (*PF*, 431).

L'allégorie est souvent définie comme une série de métaphores qui représentent de manière concrète quelque chose d'abstrait. Mais cette définition restreint la force critique de l'allégorie en la plaçant à l'intérieur du problème de la représentation. Elle devrait ainsi établir des rapports référentiels dans lesquels domine l'exigence d'une adéquation analogique. Pour qu'elle puisse être lue ou, bien plutôt, déchiffrée, il serait nécessaire de conserver un parallélisme avec un système référentiel (concept/réalité) qui rende possibles les deux sens: un sens littéral qui s'efface pour donner lieu à un sens plus profond, l'allégorique. Mais cette figure, en réalité, défait la simple relation antithétique entre référent et figure puisqu'elle met en doute la possibilité référentielle du sens en révélant son statut figuré[16].

La prise en compte de cette question est décisive pour la compréhension de la portée critique de l'allégorie dans *Pompes funèbres*. Celle-ci ne s'y offre pas seulement comme une juxtaposition de métaphores, elle est une opération réflexive dans laquelle l'écriture se pense elle-même. En effet, elle ne renvoie pas à un référent extralinguistique, peut-être même pas à un référent intralinguistique. Loin de se présenter comme une technique ludique de figuration imagée, elle est, au contraire, «une expression comme la langue, voire comme l'écriture[17]».

15. Walter Benjamin, «Sur le concept d'histoire», dans *Œuvres*, (trad. de Maurice de Gandillac, Rainer Rochlitz et Pierre Rusch), T. III, Paris, Gallimard, coll. «Folio Essais», 2000, p. 431.
16. Paul de Man, «Allegorie (Julie)», dans *Allegories of Reading: Figural Language in Rousseau, Nietzsche, Rilke, and Proust*, New Haven, Yale University Press, 1979, p. 230.
17. Walter Benjamin, *Origine du drame baroque allemand*, op. cit., p. 175.

Et c'est justement cette possibilité de signification de l'allégorie qui est mise en œuvre dans le roman.

La mise en évidence de la structure allégorique du roman, que l'on retrouve tout au long du récit, illustre un des buts du roman : préparer l'irruption du hasard dans l'écriture. Bien qu'elle ait pour «but avoué de dire la gloire de Jean D.», l'écriture se soumet aux lois de l'aléa pour produire des constellations imprévisibles de sens. Cette rupture introduite par l'allégorie répond au refus de «renoncer au concept d'un présent qui n'est point passage, mais arrêt et blocage du temps[18]». Il s'agit donc d'une récupération de la singularité de l'événement[19] qui n'essaie pas de composer une image éternelle, anhistorique du passé, comme dans le symbole. Car ce qui différencie l'allégorie du symbole, selon la pensée de Benjamin, c'est son caractère profondément historique, c'est-à-dire son attachement au présent dans son rapport chaque fois unique au passé.

L'enjeu de l'écriture consisterait alors à faire éclater le continuum de l'histoire[20], lequel, en faisant dominer l'idée de progrès, met en danger le souvenir des morts. Une des tâches de l'allégorie serait d'interrompre le cours homogène de l'histoire à travers la condensation, dans une figure, des moments éloignés dans le temps. C'est ainsi que l'on retrouve dans un autre moment du texte l'allégorie de la rose qui rassemble plusieurs époques :

> Pour être pucelle on n'en a pas moins ses règles. La veille au soir de l'exécution Jeanne revêtit la robe blanche des suppliciées. Le sang coulait sur ses cuisses fermées. [...] La main gauche retroussant sa robe blanche, la main droite de Jeanne écrivait sur la nuit des signes sacrés, des signes de croix, confondus à des pentacles (ou se continuant par eux), à des tracés d'exorcismes. Lasse, épuisée, affolée par ce sang versé lors d'un drame où l'assassin et l'assassinée demeurent invisibles, elle se coucha sur la paille [...]. Elle restait immobile, mais le tampon d'étoffe n'arrêtant pas le sang, la robe, déjà parsemée d'empreintes plus ou moins précises, affaissée au creux des jambes sagement réunies, s'ornait en son milieu d'une énorme tache de sang. Le lendemain devant les évêques dorés, les hommes d'armes portant la bannière de satin et lances d'acier [...] Jeanne d'Arc monta au bûcher et resta exposée avec cette rose rouillée à la hauteur du con[21]. (PF, 71)

18. Walter Benjamin, «Sur le concept d'histoire», loc. cit., p. 440.
19. Ibid., p. 441.
20. Ibid., p. 441-442.
21. Sur l'articulation entre le littéraire et le politique, on consultera avec intérêt l'article de Patrice Bougon, «Politique, ironie, et mythe dans Pompes funèbres», Europe, nos 808-809, août 1996, p. 65-77.

Le narrateur joue sur l'ambiguïté qui entoure le personnage historique, le soupçon de sorcellerie et les marques de la sainteté se confondent dans cette écriture sur la nuit comme dans celle de Genet. Ce passage s'offre d'une part comme l'allégorie de l'écriture elle-même qui met en scène l'indécidabilité du sens, c'est-à-dire l'équivoque inhérente à la figure en tant que figure du langage[22] — équivoque qui rend illusoire l'établissement d'une frontière entre le bien et le mal, entre le sacré et le démoniaque. Par ailleurs, une tension logique et esthétique demeure entre eux et c'est justement dans cette tension que l'allégorie de la rose surgit. La «robe blanche des suppliciées» fait apparaître Jeanne d'Arc comme une rose blanche, comme une «fleur funèbre» (*PF*, 125), marquée par le supplice auquel elle a été condamnée. Et c'est par son rapport étroit à la mort qu'elle sert au narrateur à orner le cadavre de Jean.

L'allégorie de la rose met aussi en évidence le conflit entre la convention et l'expression qui est au centre de l'allégorique. La rose désigne conventionnellement dans la tradition littéraire la jeune fille vierge («pucelle»), mais le narrateur tout en reprenant cette tradition lui donne une autre signification. Par l'ambiguïté de son identité sexuelle, Jeanne serait le double de Jean D., sacrifié(e) pour la France. Elle pourrait également être rapprochée des personnages de Riton, le jeune milicien, et d'Erik, le jeune nazi, par l'entremise du motif de la virginité. Mais vers la fin de ce passage, à l'image de la rose blanche se superpose celle de la «rose rouillée à la hauteur du con» sur la robe de Jeanne. Cette allégorie *arrive* dans le texte comme un événement : cette rose, ainsi que la «plaie sanglante» que *porte* Hitler dans un autre moment du roman (*PF*, 119), apparaît comme la trace de la souffrance de Jean[23]. Elle renvoie ainsi à ce sang versé en sacrifice à la patrie.

La composition du souvenir qui est en même temps une forme d'oubli et de conservation est *hantée* par ce que l'on pourrait appeler la «trace fantôme» de l'ami mort, ce cadavre embelli et orné de fleurs. L'allégorie dans *Pompes funèbres* cherche à demeurer en tant que trace pour laisser une place vide, toujours en mémoire de l'expérience, une trace qui, comme le souligne Derrida, est «le lieu même

---

22. Voir Paul de Man, *op. cit.*

23. Toutefois, la signification de cette fleur demeure ambiguë puisqu'elle renvoie en même temps à l'aspect spectaculaire et donc problématique de cette souffrance, l'exposition de Jeanne au bûcher. *Cf. PF*, 125.

de la spectralité[24]». Toutefois, il ne s'agit pas d'un acte d'anamnèse intuitive qui ressusciterait l'originarité d'un événement[25]. Elle ne coïncide jamais avec elle-même, car elle renvoie toujours à un autre dont le regard ne saurait être croisé[26]. Et c'est ainsi que Jean D. *revient* incessamment dans le roman, comme le cadavre, allégorie spectrale, autour duquel s'organise le récit :

Pour ce livre, dès que j'arrête d'écrire, je me vois seul au pied de son cercueil ouvert dans la salle de l'amphithéâtre et je lui propose sévèrement mon récit. Il ne commente pas, mais je sais que son corps défiguré par les balles, par le sang, par un séjour trop prolongé au frigidaire, m'entend et, s'il ne m'approuve pas, m'accepte. (*PF*, 75)

L'insistance du narrateur sur les conditions dans lesquelles il écrit ce roman met en relief la singularité d'un lieu de parole, d'un lieu d'expérience et d'un lien de filiation depuis lesquels il peut s'adresser à Jean[27]. Ce que l'on pourrait considérer comme un acte «insensé», parler aux morts («je sais que son corps défiguré par les balles [...] m'entend»), témoigne en réalité de la position politique du roman. Ce refus de distinguer entre la présence et la non-présence, l'effectivité et l'ineffectivité, la vie et la non-vie se pose comme une manière de penser la spectralité de l'écriture, le caractère paradoxal de sa matérialité. Dans l'allégorie, l'écriture *se spectralise* pour donner lieu à une politique de la mémoire, celle qui est avec les spectres[28]. Quel serait donc le mode de présence d'un spectre? Il pourrait consister en cette trace fantôme, autrement dit en ce trait qui renvoie à ce qui n'est plus là mais continue à être un appel.

Comment l'écriture pourrait-elle faire «œuvre de vie»?

Le désir de mémoire qui donne naissance à l'écriture comporte un désir de vie et il permet de penser la mémoire autrement que comme remémoration. En effet, la réflexion sur la mort qui se poursuit tout au long du récit est inséparable de la question de la «vie» : «Mais si je me délecte, se demande Genet, dans l'examen du mal et des choses mortes

24. Jacques Derrida, *Spectres de Marx*, op. cit., p. III.
25. Jacques Derrida, *Mal d'archive : une impression freudienne*, Paris, Galilée, coll. «Incises», 1995, p. 2.
26. *Ibid.*, p. 132.
27. Jacques Derrida, *Spectres de Marx*, op. cit., p. 33.
28. *Ibid.*, p. 15.

ou mourantes, comment pourrais-je faire œuvre de vie[29]?» Comment comprendre alors ce désir de «faire œuvre de vie» si le danger de l'esthétisation («je me délecte») est toujours présent? Cette question pose d'emblée deux problèmes : celui de la séparation entre la littérature et la vie et celui de la performativité de l'écriture.

Pour Genet, la vie devrait surgir d'un travail du langage qui tienne compte de son caractère emblématique, d'où l'importance du motif du cadavre dans le roman : «[...] pendant quarante heures j'avais vécu, je m'étais écoulé à l'intérieur d'une journée vivante dont la vie était émise, comme une aube autour de la crèche, par le *cadavre lumineux* d'un enfant de vingt ans [...][30]». L'écriture aurait pour tâche de *décom-poser* la métaphore emblématique du cadavre pour tirer d'elle des effets performatifs. Mais comment le roman pourrait-il y arriver si une méfiance envers les forces de la littérature le traverse en même temps? «Je sais bien, écrit Genet, que ce livre n'est que littérature[31]». Ce qui résisterait au constat, ce serait donc un geste d'écriture, celui qui arrive à «effacer» la certitude de la mort de l'autre. Ce conflit entre le constat et le geste traduit la tension entre le constatif et le performatif qui est au cœur de la rhétorique[32]. Dans *Pompes funèbres*, la recherche de l'écriture adéquate passerait alors par l'invention[33] d'un «dispositif pragmatique[34]», fait pour produire un dérèglement, un lieu de perturbation.

Comment l'invention de ce dispositif s'opère-t-elle dans le roman? Un des traits caractéristiques de l'écriture de Genet est l'importance accordée à la réflexivité de l'énonciation. Le texte se pose en montrant l'acte qui le fait surgir :

Il n'y a pas de doute, me dis-je, c'est ici... Je m'arrêtai là. «Ici», et les mots qui devaient suivre : «qu'on l'a tué» prononcés, fût-ce mentalement, apportaient à ma douleur une précision physique qui l'exaspérait. Les

---

29. *Ibid.*, p. 126.
30. *Ibid.*, p. 94. (Nous soulignons.)
31. *Ibid.*, p. 134.
32. Les remarques de Paul de Man à propos de la pragmatique telle qu'elle a été développée par J. L. Austin s'avèrent ici pertinentes. Dans son analyse sur la philosophie de Nietzsche, de Man met l'accent sur le caractère littéraire, c'est-à-dire fictionnel du performatif. Pour lui, la possibilité que le langage a de *performer* est aussi fictive que celle qu'il a de constater. Il s'en suit que la primauté du langage comme action (performatif) sur le langage comme vérité (constatif) ne peut être qu'illusoire dans la mesure où elle est «littéraire».
33. Voir Jacques Derrida, «Psyché. Invention de l'autre», dans *Psyché : inventions de l'autre*, T. I, Paris, Galilée, 1998, p. 33.
34. Dominique Maingueneau, *Pragmatique pour le discours littéraire*, Paris, Bordas, 1990, p. 12.

mots étaient trop cruels. Puis je me dis que les mots sont des mots et qu'ils ne changeaient rien aux faits.

Je me forçais à dire, à me redire avec l'agaçante répétition des scies I-ci, I-ci, I-ci, I-ci, I-ci. Mon esprit s'aiguisait sur l'endroit que désignait «Ici». [...] «I-ci, I-ci, I-ci, I-ci, I-ci. Qu'on l'a tué, qu'on l'a tué, qu'on l'a tué, con l'a tué, con l'a tué...» et je fis mentalement cette épitaphe : «Ici con l'a tué»[35].

Cette citation indique, d'une part, la manière dont les marques de personne et de temps *agissent* dans le roman, d'autre part, la tension existant entre le constatif et le performatif. Une modification s'effectue dans le fonctionnement du constatif. La certitude de la mort de Jean réaffirmée par le texte même au début du passage («c'est ici», «Ici», «qu'on l'a tué») se transforme dans et par l'énonciation en un autre mode de constat qui neutralise en réalité sa propre efficacité. La certitude de la mort n'est plus rassurante puisqu'un élément déstabilisateur est infiltré : le nom commun «con» «désolennise» le langage qui conventionnellement doit constater la mort. Mais il est important de souligner que cette nouvelle épitaphe surgit d'un énoncé performatif qui met en évidence le geste détournant le sens pour produire une autre signification. Ce passage ébranle la distinction entre le constatif et le performatif en montrant leur imbrication.

Le performatif met l'accent sur le fait que dire quelque chose est inséparable du geste qui consiste à montrer que l'on le dit. Dans *Pompes funèbres*, de nombreux passages indiquent la place privilégiée qui est accordée au geste :

Si grande était ma douleur qu'elle voudrait s'échapper en *gestes de feu* : baiser une mèche de cheveux, pleurer sur un sein, presser une image, entourer un cou, arracher une herbe, m'allonger là et m'endormir à l'ombre, au soleil ou sous la pluie, la tête sur mon bras replié. *Quel geste ferais-je ? Quel signe me resterait ?* (PF, 33)

Devant l'arbre, la petite fille était encore accroupie, mettant dans une boîte [...] ses œillets blancs. [...] Elle était seule. Elle jouait sans doute à fleurir un tombeau, elle avait trouvé le prétexte d'accomplir aux yeux de tous *les rites cachés d'un culte* à la nature et à ces dieux que l'enfance découvre toujours, mais qu'elle sert en secret. *J'étais là. Quels gestes faire ?* (PF, 34)

Le geste adéquat reste donc à inventer. Car tous ceux qui s'offrent au narrateur sont conventionnels, codés. Or, ce qui est mis en question ici, ce n'est pas le caractère conventionnel du geste, mais son usure. Il

---

35. *Ibid.*, p. 36.

s'agit en effet des gestes «indélicats», «de mauvais goût» et donc incapables de rendre hommage à la mémoire du mort. Pour le narrateur, il faut faire signifier l'écriture en tant que «geste délicat» (*PF*, 37). Le geste adéquat est ébauché dans ces passages : déposer une fleur, des fleurs en suivant des «rites polis et coutumiers», comme le fait la petite fille qui joue à fleurir un tombeau[36].

La question de la beauté est présente tout au long du récit. Elle apparaît dans plusieurs passages associée au grandiose du spectacle et devient ainsi suspecte d'esthétisation. Si la beauté est efficace dans ces cas-là, c'est parce qu'elle séduit à travers l'artifice. Dans le roman, on trouve une imbrication entre la beauté, la mort et la vie. Mais leur articulation dans cette écriture du souvenir est problématique : «La beauté, écrit Genet, qui est l'organisation arrivée au point parfait, me détourne de Jean. [...] Et je pleure si je n'attache pas Jean à ce monde où vit la beauté» (*PF*, 126). Comment «attacher» Jean au monde de la beauté, c'est-à-dire de la vie si cette beauté est spectacle, «divertissement» au sens de dispersion ? La perfection de l'artifice ou de la beauté apparaît ici étroitement liée au plaisir qui détourne le narrateur de son projet : célébrer la gloire de Jean, le faire vivre. Il s'agit donc de faire surgir dans le texte une autre beauté qui ne soit pas séduction ni plaisir.

Et cette beauté serait celle des mots subtilement noués, la beauté des gestes en situation, effectués au moment juste que définit le *kairos*. Elle se produit par l'«artifice superlatif» qui est le seul capable d'unir les extrêmes, car la fleur devenue «funèbre» peut seule rendre hommage : «Les fleurs m'étonnent par le prestige que je leur accorde dans les cas graves, et, plutôt qu'ailleurs, dans les douleurs en face de la mort. *Je pense qu'elles ne symbolisent rien*[37].» Les fleurs pour les morts ne renvoient à rien d'autre qu'elles-mêmes, elles signifient en tant que geste : «Les roses ont l'irritabilité, la sécheresse, la nervosité magnétique de certains médiums. C'étaient elles qui *accompliraient* le véritable office[38].» Mais quel est le moment juste pour réaliser ce geste ? Ce moment juste, celui qui fait la beauté du geste, se trouverait-il dans l'apothéose des rites funèbres ?

36. La performativité du geste que propose le roman relève peut-être de ce que Derrida nomme une «inventivité déconstructive» qui déclôture et déstabilise des structures de forclusion pour laisser le passage à l'autre. Voir Jacques Derrida, «Psyché. Invention de l'autre», *loc. cit.*, p. 60.
37. *Ibid.*, p. 125.
38. *Ibid.*, p. 22. (Nous soulignons.)

Pour cela, il faudrait produire le nouveau d'un événement dans les contraintes et les conventions, il faudrait «inventer» un nouveau performatif[39]. C'est à partir de ce nouvel usage du performatif que le fonctionnement du dispositif pragmatique du roman est établi. La performance des funérailles de Jean respecte les règles, mais selon un geste qui défie et exhibe la structure précaire de ces règles : tout en les respectant et par la marque de respect qu'il invente.

À ce sujet, il est important de souligner le parallélisme existant entre l'enterrement de Jean Decarnin et celui de l'enfant de sa fiancée :

> Avant même que je connusse Jean, du bâtard de la fille-mère, j'avais choisi l'enterrement que vous lirez plus loin déguisé par les mots, maquillé, orné par eux, défiguré. Il est troublant qu'un thème macabre m'ait été offert il y a longtemps, afin que je le traite aujourd'hui et l'incorpore malgré moi à un texte chargé de décomposer le rayon lumineux [...] que projette mon cœur désolé. (*PF*, 10)

La simplicité, voire la misère de l'enterrement de l'enfant de la petite bonne acquièrent ici une importance capitale. Cet enterrement est l'envers de celui que le narrateur ébauche pour Jean. Tout se passe comme si le narrateur cherchait à neutraliser l'efficacité de la pompe : «Ce livre est vrai et c'est une blague» (*PF*, 123), s'écrie-t-il. En effet, le roman met constamment en doute son propre mode rhétorique. Une épanorthose structurelle fait revenir l'écriture sur elle-même pour corriger son projet initial. La fleur de l'apparat, le geste grandiose peuvent-ils vraiment assurer la mémoire de Jean, des morts ? L'enterrement de la fille de la bonne ouvre la possibilité d'une autre écriture pour les morts, celle qui est dépouillée et simple.

La beauté se trouverait-elle alors dans la simplicité, dans la familiarité ? La fin du roman fait ressortir cette question :

> La *petite* bonne rentra dans sa chambre. Il faisait nuit. Elle ne prévint personne.
>
> Elle s'assit sur son *petit* lit de fer, toujours coiffée de sa couronne comme d'une casquette de voyou. Le sommeil la surprit ainsi, assise, balançant une jambe et *sa marguerite fanée* à la main. Quand elle se réveilla, tard dans la nuit, un rayon de lune, passant par la fenêtre, faisait *une tache claire sur le tapis râpé*. Elle se leva et *tranquillement, pieusement, elle déposa sa marguerite sur cette tombe*, puis elle se déshabilla et s'endormit jusqu'au matin. (*PF*, 192 ; nos italiques)

39. Jacques Derrida, «Psyché. Invention de l'autre», *op. cit.*, p. 58-59.

Le narrateur met l'accent sur la misère de la vie de la bonne. Dans son monde, contrairement à celui de sa patronne, de Madame, tout est petit et usé. Mais, ironiquement, c'est dans cette chambre de bonne que le geste adéquat a lieu. Ce geste ne se présente pas sous la forme d'une fleur somptueuse mais d'une fleur simple : une marguerite fanée. Tout se passe comme si dans cette fleur se concentraient toute la misère et toute la souffrance du personnage.

Le narrateur prend le parti du quotidien, du simple, du familier[40]. Mais, par le caractère intime de cette familiarité, il détourne les conventions qui régissent le performatif pour offrir à Jean de *vraies* funérailles. Il ne s'agit pas pour autant de la recherche d'une certaine naturalité, bien au contraire, c'est d'une mise en scène, qui est en même temps une mise en relief du quotidien, qu'il est question. La simplicité du geste serait le résultat d'un long travail qui permet de trouver l'instant de beauté où l'écriture désapprend les moyens du spectacle. La « tâche claire sur le tapis râpé » est l'enterrement que Genet offre finalement à Jean qui est identifié à l'enfant morte de la bonne. Une tombe de lumière, éphémère, qui s'oppose au travail du deuil et donc à l'oubli. *Pompes funèbres*, comme cette tombe qui est trace spectrale, ne rend pas présents les restes, ne les localise pas. Il se laisse hanter[41].

40. Sur cette problématique, on consultera avec profit l'essai d'Emmanuel Levinas, « Langage quotidien et rhétorique sans éloquence », dans *Hors sujet*, Fontfroide-le-Haut, Fata Morgana, coll. « Le Livre de poche », 1987.

41. Jacques Derrida, *Spectres de Marx*, *op. cit.*, p. 30.

Collaborateurs

Melina BALCÁZAR MORENO

Melina Balcázar Moreno est doctorante à l'Université Paris III Sorbonne Nouvelle. Sous la direction de Mireille Calle-Gruber et de Bruno Clément, elle prépare une thèse intitulée *Politiques de la mémoire : l'écriture de l'événement dans l'œuvre de Jean Genet*. En plus de nombreuses traductions, elle a publié « Des traces sur l'eau : les politiques de la mémoire dans *Un captif amoureux* », actes du colloque « Jean Genet. Rituels de l'exhibition », Université Paris III Sorbonne Nouvelle, à paraître ; « *Mater dolorosa* ou l'écriture de l'événement dans *Un captif amoureux* de Jean Genet », dans Gisela Febel *et al.* (dir.), *Écritures transculturelles. Kulturelle Differenz und Geschlechterdifferenz im französischsprachigen Gegenwartsroman*, Tübingen / Narr ; « Persona – Tentativas en torno a un recuerdo », *Jacques Derrida. Pasiones institucionales*, Presses de *l'Instituto de Investigaciones Filológicas* de l'Université Nationale Autonome du Mexique (UNAM).

Emmanuel BOUJU

Emmanuel Bouju, ancien élève de l'ENS, est professeur de littérature générale et comparée à l'Université Rennes 2 (France). Il a dirigé aux éditions des Presses universitaires de Rennes les volumes collectifs du *Groupe phi* (CELAM) intitulés *Littératures sous contrat* (2004) et *L'engagement littéraire* (2005). Il est également l'auteur de *Réinventer la littérature. Démocratisation et modèles romanesques dans l'Espagne post-franquiste* (Toulouse, Presses universitaires du Mirail, coll. « Hespérides », 2003) et de *La transcription de l'histoire. Essai sur le roman européen de la fin du vingtième siècle* (Presses universitaires de Rennes, coll. « Interférences », 2006).

Jean-Michel ESPITALLIER

Jean-Michel Espitallier est écrivain (poète ?) et vit à Paris. Cofondateur de la revue *Java* (28 numéros de 1989 à 2006), il est l'auteur d'une dizaine de livres dont, pour les derniers : *Caisse à outils, un panorama de la poésie française aujourd'hui* (Pocket, 2006), et *Tractatus logo mecanicus* (Al Dante, 2006). Il travaille actuellement sur plusieurs projets multimédias. *En guerre est* paru en 2004 aux éditions Inventaire-invention.

Danielle FORGET

Danielle Forget est professeure titulaire au Département de français de l'Université d'Ottawa. Ses recherches couvrent les domaines conjoints de la sémantique et de la pragmatique. Plusieurs de ses travaux portent sur l'analyse du discours : *L'émergence d'un discours démocratique au Brésil : conquêtes et résistances du pouvoir (1964-1984)*, (Candiac, Éditions Balzac, 1992 et Brésil, EDUSP, 1994). D'autres sont à l'intersection de la rhétorique et de la cognition, sur des corpus littéraires et non littéraires. Pour en témoigner, ces ouvrages : aux Éditions Nota Bene, Québec, 2000 : *Figures de pensée, figures du discours,* ainsi qu'en 2005, co-auteure avec Khadiyatoulah Fall et Georges Vignaux, *Construire le sens , dire l'identité : catégories, frontières, ajustements,* Les Presses de l'Université Laval, Québec / Édition de la Maison des Sciences de l'Homme, Paris.

Dominique GARAND

Dominique Garand est professeur titulaire au Département d'études littéraires de l'UQAM. Il y enseigne la rhétorique, l'analyse du discours, les théories du polémique et le roman italien. Spécialiste des modes d'écriture agonistiques (polémique, pamphlet, textes littéraires de combat, etc.), il a publié *La griffe du polémique* (L'Hexagone, 1989), *États du polémique* (Nota Bene, 1998, en collaboration avec Annette Hayward) et *Portrait de l'agoniste : Gombrowicz* (Liber, 2003). Il est aussi l'auteur d'un essai sur la tradition littéraire québécoise, *Accès d'origine ou pourquoi je lis encore Groulx, Basile, Ferron...* (Hurtubise HMH, 2004), ouvrage couronné du prix Jean-Éthier Blais 2005.

Marie-Hélène LAROCHELLE

Marie-Hélène Larochelle est postdoctorante (CRSH 2006-2008, CÉLAT 2006) à l'Université McGill et à Harvard University, son travail porte sur *Le monstre et le monstrueux : les écrits des anarchistes français.* Elle a soutenu en 2006 une thèse de doctorat (FQRSC 2003-2006), en cotutelle à l'Université de Montréal et l'Université Bordeaux 3, intitulée *Poétique de l'invective chez Louis-Ferdinand Céline et Réjean Ducharme* (à paraître chez XYZ, coll. « Théorie et littérature »). Elle a organisé deux colloques et a dirigé divers ouvrages (PUL) et numéros de revue (*Études littéraires*) sur la question de la violence dans le discours littéraire. Elle a également présenté plusieurs communications et articles sur les anarchistes, sur Louis-Ferdinand Céline, Réjean Ducharme et Henri Michaux. Elle est chargée de cours à l'Université de Montréal et à l'Université Laval.

Walter MOSER

Walter Moser est titulaire de la Chaire de recherche du Canada en Transferts littéraires et culturels à l'Université d'Ottawa. De 1974 à 2002, il était professeur de littérature comparée à l'Université de Montréal où il a dirigé, de 1992 à 2001, le groupe de recherche sur les Recyclages culturels. En 2001 il a codirigé *Résurgences Baroques* (Bruxelles : La Lettre Volée), en 2004 *Esthétique et recyclages culturels* (Ottawa : Presses de l'Université d'Ottawa), en 2007 *History and Society. Argentinian and Brazilian Cinema since the 80's* (Ottawa : Legas).

Alain SCHORDERET

Alain Schorderet est chargé de cours à l'Institut de langues et littératures romanes de l'Université de Zurich. Il travaille actuellement comme collaborateur scientifique et responsable des programmes de formation en études culturelles au sein de la Fondation suisse d'études, organisation qui a pour but d'encourager l'excellence dans les universités suisses. Ses recherches portent sur les études culturelles, l'histoire des idées et la rhétorique. Avec des travaux sur Rabelais, Voltaire et la synesthésie dans la littérature française, il a publié plusieurs articles sur D.A.F. de Sade. Il vient de terminer une thèse sur la parodie dans l'œuvre du marquis de Sade qui est à paraître.

María Dolores VIVERO GARCÍA

Professeure à l'Universidad Autónoma de Madrid, elle a publié, outre sa thèse sur André Gide et le livre *El texto : teoría y análisis lingüístico*, divers travaux, dont « L'analyse énonciative du discours autobiographique : l'exemple de Gide », dans Ruth Amossy et Dominique Maingueneau (dir.), *L'analyse du discours dans les études littéraires* ; « Confidence et dévoilement dans *La porte étroite* d'André Gide », *Poétique*, n° 141 ; « La pièce (dé)montée. Étude sémantique d'une description de *Madame Bovary* », *Poétique*, n° 146.

Résumés

Emmanuel Bouju
FORME ET RESPONSABILITÉ. RHÉTORIQUE ET ÉTHIQUE DE
L'ENGAGEMENT LITTÉRAIRE CONTEMPORAIN

L'idée d'un engagement proprement «littéraire» permet de reconnaître en littérature une articulation particulière entre modèle éthique et modèle esthétique, fondée sur l'instauration d'une autorité textuelle complexe et ambiguë. Ce mode d'engagement se lie plus particulièrement, dans le roman de la fin du vingtième siècle, à l'ambition d'une transcription fictionnelle de l'histoire — laquelle opère souvent sur le mode d'une figuration textuelle du mouvement par lequel l'écrivain, depuis une position initialement «désengagée», vient à s'exposer au monde en assumant un jugement d'autorité sur son histoire. Si une rhétorique de l'engagement littéraire existe, en effet, elle consiste en une déictique de la responsabilité : en évoquant le modèle de Thomas Bernhard, puis celui, plus récent, d'Imre Kertész, cet article tente de définir les moyens et les fins d'un engagement contemporain de la littérature, liant le plus étroitement possible forme et responsabilité. Dans ces exemples, l'écrivain se retrouve engagé dans et par son œuvre comme modèle éthique destiné à une appropriation active et critique ; et le lecteur est celui qui, relevant le défi de cette appropriation, reconnaît, sanctionne et déploie le geste d'engagement du littéraire en le confrontant au monde commun.

The notion of a strictly "literary commitment" points to a particular interplay between ethical and aesthetic models in literature, based on the exercise of a complex and ambiguous textual authority. Such commitment, inspired both by Sartre's "engaged literature" and its rejection by Barthes, nowadays consists mostly in a prospective fictional "transcription" of history with the writer often exposed to and immersed in a reality that tacitly gauges historical meaning and structure. If a rhetoric of literary commitment exists, it may be as a deixis of responsibility : Thomas Bernhard and more recently Imre Kertész are models representing the means and ends of a contemporary literature of commitment that closely aligns form and responsibility. These examples show the writer's commitment to an ethical model that can be critically appropriated and activated. It behooves the reader to recognize, judge and extend the gesture of literary commitment by confronting it with the common reality.

Marie-Hélène Larochelle
FUITES ET INVECTIVES DANS LES ROMANS DE
RÉJEAN DUCHARME

Nos colères nous trahissent. En effet, l'invective est une parole éruptive dont les exigences supposent un engagement de la part du locuteur en colère parce que dévoilant ses affections, le sujet se positionne. Il est pourtant possible de déroger à ces conditions en insultant à voix basse, en se cachant pour crier des bêtises ou en s'enfuyant après les avoir proférées. Lâchetés ou stratégies? Qu'en est-il de ces locuteurs indisciplinés qui refusent de se conformer aux exigences de la querelle en bonne et due forme? Consacré à l'étude des textes de Réjean Ducharme, cet article montre comment l'auteur voile et dévoile ses engagements dans les situations de conflit.

Our anger betrays us. Invective is an eruptive expression that commits the angry utterer to an unmasked position. But such expression can be tempered as a veiled insult that hides or evades. Who are these speakers that sidestep the rules of frank dispute? This article examines Réjean Ducharme's novels, showing how the author reveals and conceals his engagement in conflict situations.

Dominique Garand
QUE PEUT LA FICTION? YASMINA KHADRA, LE TERRORISME
ET LE CONFLIT ISRAÉLO-PALESTINIEN

La grande époque du roman engagé portait prioritairement sur des questions sociales relatives aux rapports de classe, aux injustices et aux inégalités. Il s'agissait de dénoncer des pouvoirs économiques ou politiques. Alors que ces problèmes étaient le plus souvent circonscrits dans un espace/temps spécifique, le terrorisme s'impose aujourd'hui comme une question qui touche l'ensemble de l'humanité dans une remise en question violente des valeurs occidentales. L'œuvre de l'écrivain algérien Yasmina Khadra (aujourd'hui installé en France) porte précisément sur ce grave problème et tente d'en comprendre les «raisons». Dans cette étude, j'interroge principalement *L'attentat*, deuxième roman d'une trilogie portant sur l'intégrisme musulman et ses dérives terroristes. Il s'agit d'examiner si la complexité du problème posé entraîne un renouvellement des formes du roman engagé. J'analyse pour ce faire les techniques narratives utilisées par l'auteur en les mettant en rapport avec la structure traditionnelle du roman à thèse. J'expose la dialectique, dans ces romans, entre le désengagement (distance par rapport aux grandes Causes idéologiques qui s'affrontent) et l'engagement (chez Khadra, appel à une tierce voie, inédite). Je montre comment l'auteur s'y prend pour mettre en suspens tout *a priori* ou tout parti pris initial et comment, malgré cette ouverture aux voix antagonistes, il en vient tout de même à proposer des valeurs qui transcenderaient le conflit en prenant ses distances à l'égard des solutions sacrificielles.

The great era of the engaged novel highlighted questions of class issues, injustice and inequality, denouncing economic and political power. While these issues were essentially confined to a particular period, the question of terrorism pervades humankind and strongly challenges Western values. The work of the Algerian writer Yasmina Khadra (currently residing in France) deals precisely with this serious problem and attempts to understand its "reasons." In this study, I focus mainly on L'attentat, *the second novel of a trilogy on Muslim fundamentalism* and its terrorist deviations. *The intention is to see whether the complexity of the given problem generates a renewal of the forms of the engaged novel. In this context, I analyze the narrative techniques used by the author juxtaposed against the traditional structure of the novel which expounds that philosophical position. Of essence in these novels is the dialectic between disengagement (a distancing from the jousting ideological issues) and commitment (for Khadra, commitment is an appeal to a third option, as yet unexplored). I show how the author suspends all a priori or preconception and how, despite a readiness to accept antagonistic voices, proposes values which transcend the conflict by avoiding sacrificial solutions.*

María Dolores Vivero García
JEUX ET ENJEUX DE L'ÉNONCIATION HUMORISTIQUE : L'EXEMPLE DES *CAVES DU VATICAN* D'ANDRÉ GIDE

Pour Ducrot (1984 : 213), qui définit l'humour comme une forme d'ironie, l'énonciation humoristique se caractérise par une dissociation entre le locuteur et l'instance qui prend en charge la position exprimée dans l'énoncé même. On examinera d'abord cette définition dans une perspective discursive pour montrer que ce débrayage ou désengagement énonciatif est inséparable d'un engagement lié à l'acte d'humour, qui cherche la connivence du lecteur. Il est indissociable également de l'engagement lié à une visée critique souvent sous-jacente à la stratégie humoristique. Nous présenterons ensuite une analyse énonciative de l'humour dans *Les caves du Vatican* d'André Gide, en prenant appui sur les catégories discursives de l'humour établies par Charaudeau (2006) en fonction des positions énonciatives non prises en charge par l'instance qui apparaît comme responsable de l'énoncé. On soulignera en particulier, dans cette analyse, comment le désengagement humoristique peut rendre plus efficace une écriture engagée.

For Ducrot (1984 : 213), who defines humour as a form of irony, the humorous utterance is characterized by a distance between the speaker and the position expressed. We shall examine this definition from a discursive point of view and show that this distance (or disengagement) is inseparable from a commitment inexorably linked to the act of humour which seeks complicity on the part of the reader and commitment to the implicit critical purpose of the comic tactic. We present an analysis of the humour in Les caves du Vatican of André Gide using the discursive categories of humour established by Charaudeau (2006) in respect to positions that the speaker does not assume. In particular we show how the disengagement of humour can make engaged literature more effective.

Danielle Forget
EN PIÈCES DÉTACHÉES ET DÉPLACÉES. *FRONTIÈRES, OU TABLEAUX D'AMÉRIQUE* DE NOËL AUDET

Une traversée d'Amérique qui s'avère aussi être une quête du bonheur, c'est ainsi que se tisse la trame de ce roman de Noël Audet, *Frontières ou tableaux d'Amérique*. Un narrateur-personnage, au cours d'un voyage exploratoire, nous fait connaître le sort de sept Marie, réparties entre le Nord et le Sud, en des pays différents, et ce, dans le but de comprendre les avenues vers le bonheur. D'emblée, l'attitude consiste en un engagement envers une vérité qui s'ouvre sur l'universel. Toutefois, le déplacement concret sur le continent américain en cache d'autres, liant des niveaux structurels jusqu'à la symbolique du roman élaborant sa propre écriture. Des stratégies apparaissent alors, démontant les règles de cohérence et du coup, les certitudes du lecteur. Elles frôlent le désengagement par une mise en abyme de la fiction.

A trip across the American continent that is also a quest for happiness sets the stage for Noël Audet's novel entitled Frontières ou tableaux d'Amérique. *On an exploratory excursion the protagonist-narrator recounts the demise of seven women all named Marie, living in different countries, from North to South. He is driven by an visceral need to understand the various paths in achieving happiness. From the start his attitude is one of commitment to the search for truth which opens on the universal. A linking of structural levels impels the reader to discover a deeper symbolism in the novel even though its form sometimes slips away from engagement by the "mise en abyme" of the fictional stories.*

Walter Moser
LA MISE À L'ESSAI DE L'IDENTITÉ CULTURELLE : LEZAMA LIMA ET LE DISCOURS AMÉRICANISTE

Trois importantes traditions latino-américaines convergent et se superposent dans le texte « La curiosité baroque » de José Lezama Lima, publié en 1957 dans le recueil *L'expression américaine : le discours de l'*americanismo, l'essai mis au service d'une quête identitaire collective et la théorie du baroque. La lecture critique de ce texte fait ressortir sa complexité essayiste en montrant comment la théorie culturelle qui y est énoncée (ce que le texte dit) est déconstruite par certaines pratiques textuelles. D'une part, la construction identitaire basée sur le paradigme culturel du baroque affirme un engagement essentialiste par rapport à l'identité. D'autre part, le *modus operandi* rhétorique du texte (ce que le texte fait) rend cet engagement problématique et permet à l'auteur de gagner une distance critique par rapport au discours américaniste. La simultanéité de cette double démarche confère au texte une densité authentiquement essayiste qui contraste avec d'autres écrits sur l'identité latino-américaine, qui sont davantage des manifestes ou des pamphlets que des essais.

José Lezama Lima's short text "The Baroque Curiosity," published in 1957 in the volume The American Expression, *represents the intersection of three important Latin-American traditions : the* Americanismo *discourse, the essay as quest for a collective identity, and the theory of the Baroque. This article proposes that a critical reading of the text reveals its essayistic complexity and shows how the cultural theory expressed (the essence of the text) is deconstructed by its textual practices. On the one hand, the identity construction based on the cultural paradigm of the Baroque incites a basic commitment to the Latin-American identity. On the other hand, the rhetorical* modus operandi *of the text makes this very commitment problematic and positions the author at a critical distance from the Americanismo discourse. This simultaneous double gesture gives the text an essayistic density and complexity that sets it apart from other textual quests for identity more akin to manifestoes or pamphlets than true essays.*

Jean-Michel Espitallier
POLITIQUE DU POÉTIQUE

Le choix, pour Jean-Michel Espitallier, poète et écrivain, d'écrire de la poésie (comme genre «insoumis») représente en soi une position politique, un réel engagement. Contre toute forme d'embrigadement, sceptique à l'égard des œuvres explicitement et programmatiquement politiques, Espitallier ne voit d'engagement possible que dans les formes, la rhétorique, l'exigence stylistique, puisqu'au fond, c'est la langue, toujours, qui comme objet politique, constitue la Cité et les représentations qu'elle se fait du monde et d'elle-même. Mais il se plaît également à rappeler, après tant d'autres, dont Nietzsche, que le rire, la farce, le comique, la frivolité peuvent être des outils d'exploration des tragédies du monde et des moyens de s'y opposer, de jouer contre, renvoyant dos à dos l'esprit de sérieux des faux prophètes et les risques de récupérations qui pèsent sur des œuvres engagées par calculs, modes, paresses intellectuelles. Une position dandy, en quelque sorte, où le goût prononcé du canular, de la logique poussée à son absurdité, du grotesque, de la légèreté amusée tentent de désamorcer et de démasquer l'inhumanité contemporaine.

For the poet and writer, Jean-Michel Espitallier, choosing to write poetry (as a "rebellious" genre) represents a political stance, a genuine commitment. Refusing to be drawn in, skeptical of the explicit or programmatically political, Espitallier adheres solely to form, rhetoric, the demands of style, since language fundamentally remains the political object that constitutes the human community and its worldly representations. It's heartening to recall that many others, including Nietzsche, view laughter, joking, comedy, frivolity as tools to explore and confront the tragedies of the world, to juxtapose and rebound from serious-minded false prophets, and the risk of being snagged that weighs down the calculating, fashionable or intellectually lazy engaged works. With a hint of trickery, logic is pushed to its absurd, even grotesque, extreme and an amused lightness acts to mitigate and unmask contemporary inhumanity.

Alain Schorderet
SAINT-AMANT, POÈTE DE L'HERMÉTISME GROTESQUE ET DU JEU

Cet article a pour thème un aspect de la poétique de Saint-Amant: certains vers dans ses poésies évoquent des signes obscurs et clairs. Dans la mesure où le poète s'abstient d'en déchiffrer certains, nous pouvons inscrire Saint-Amant dans la tradition de la poésie hermétique. Fort de sa liberté que lui donne le genre du caprice, le poète mystifie son lecteur. Cette poésie peut prendre un ton mélancolique dès que le poète la place à l'enseigne de la *perte* lorsqu'il thématise les jeux en jouant avec les mots dans ses vers. Il s'agit d'étudier des pointes qui n'aboutissent que difficilement. En restant donc hermétiques, elles appellent à la continuation du jeu dans l'espérance d'un retour à la plénitude du sens. L'hermétisme grotesque du jeu se nourrit de l'œuvre de Rabelais, dont la connaissance est le privilège des initiés avec lesquels Saint-Amant communique : ce sera un hermétisme bas, un grotesque rabelaisien qui remédie par un message non spirituel aux signes vidés de leur sens. On verra à la fin de l'article que l'hermétisme grotesque du jeu se trouve déjà chez des auteurs comme Rutebeuf, au Moyen Âge, et que par ce même hermétisme, Saint-Amant inspira un «Spleen» à Baudelaire.

This article explores a particular aspect of Saint-Amant's poetics, namely the verses in his poetry that contain both obscure and clear signs. In refusing to decipher some of those signs, Saint-Amant joins the tradition of hermetic writing. Free to write what he wants, the poet capriciously mystifies his reader. At times, melancholy engulfs the poetry, for example when he writes on gambling, his word-signs conveying the sense of loss. This article examines such word-signs whose meanings are hidden. They remain hermetically sealed continuing the game of search for lost meanings. Saint-Amant's playful and strange hermeticism is inspired by Rabelais' works, which only the poet's adept readers can have the privilege of unraveling, but now it is an earthy form of Rabelasian hermetics, charging the verse-signs with new earthy meanings. This article shows that such playful and strange hermeticism had existed in earlier medieval authors such as Rutebeuf, and that this same hermeticism of Saint-Amant inspired one of Baudelaire's "Spleens."

Melina Balcázar Moreno
DES TRACES ET DES SPECTRES : UNE LECTURE DE *POMPES FUNÈBRES* DE JEAN GENET

Dans l'œuvre de Jean Genet, la question de l'écriture qui est celle de la littérarité est indissociable d'une réflexion sur le politique et l'éthique. Un des aspects les plus remarquables de l'écriture de Genet est justement la façon dont il montre leur imbrication. C'est cette double dimension de son œuvre qui sera prise en compte ici, dans une perspective philosophico-littéraire. Il s'agira de s'interroger sur les rapports du littéraire au politique et à l'éthique à partir de l'inscription de l'Histoire dans *Pompes funèbres* de Jean Genet. L'interrogation de départ concerne évidemment les relations de l'écriture de Genet à la mémoire et à l'Histoire, les articulations ou désarticulations qu'elle met en œuvre. Ces questions ne sont pas séparables d'une critique de la notion de performativité qui traverse son écriture. Si, selon lui, l'écriture doit faire «œuvre de vie», comment le pourrait-elle sans se restreindre aux conventions qui régissent l'acte performatif ? Mais la question centrale est celle de l'événement. Pour Genet en effet, il ne suffit pas de commémorer le passé. Il s'agirait de penser une écriture qui tout en conservant la trace de la souffrance puisse produire un effet, se constituer en événement. La réflexion sur ce que l'on pourrait appeler les «politiques de la mémoire» dans ce roman nous portera à étudier également ment les notions de corps, de figure et d'écriture.

In this work by Jean Genet, the matter of writing is one of literariness, which is inextricably linked to political and ethical considerations. Indeed, one of the most remarkable aspects of Genet's writing is the way he shows their oneness. It is this twin-dimension of his work which will be explored here, from a philosophical and literary viewpoint. The aim is to examine the relationship between the literary, the political and the ethical on the basis of the way History is relayed in Funeral Rites by Jean Genet. The initial question is obviously the relationship between Genet's writing and memory and History, and the dynamics that this relationship creates and destroys. Such questions must be accompanied by an examination of the notion of performativity which runs through his writing. If, as he says, writing must be a "work of life," how could this be possible without restricting oneself to the conventions that govern the performative act itself ? But the main issue is that of "event." For Genet, commemorating the past is not enough. Instead we must develop a form of writing that, while maintaining traces of suffering, is also able to produce an effect and be an event itself. Thoughts on what we could call "politics of memory" in this novel will also bring us around to examining notions of body, figure and writing.

Directrice: Lucie Bourassa

études françaises

Fondée en 1965, *Études françaises* est une revue de critique et de théorie. Elle s'intéresse aux littératures de langue française, aux rapports entre les arts et les sciences humaines, les discours et l'écriture. Chaque numéro contient un ensemble thématique ainsi que diverses études. Elle s'adresse particulièrement aux spécialistes des littératures française et québécoise, mais aussi à toute personne qu'intéresse la littérature.

Déjà parus ☐ De Proust aux littératures numériques : lectures • 12 $ ☐ 1857 : un état de l'imaginaire littéraire • 12 $ ☐ Les langues de la dramaturgie québécoise contemporaine • 12 $ ☐ Ahmadou Kourouma • 12 $ ☐ Figures et frictions • 12 $ ☐ De l'usage des vieux romans • 12 $ ☐ Poésie, enseignement, société • 12 $ ☐ Le corps dans les littératures francophones • 12 $ ☐ Le personnage de roman • 12 $ ☐ Le corps des mots. Lectures de Jean Tortel • 12 $ ☐ Pascal Quignard ou le noyau incommunicable • 12 $ ☐ Réécrire au féminin : pratiques, modalités, enjeux • 12 $ ☐ Situations du poème en prose au Québec • 12 $ ☐ Zola, explorateur des marges • 12 $ ☐ Les imaginaires de la voix • 12 $ ☐ Le simple, le multiple : la disposition du recueil à la Renaissance • 12 $ ☐ Derrida lecteur • 23,50 $ ☐ Écriture et judéité au Québec • 12 $ ☐ La littérature africaine et ses discours critiques • 12 $ ☐ La construction de l'éternité • 12 $ ☐ Presse et littérature : la circulation des idées dans l'espace public • 12 $ ☐ Internet et littérature : nouveaux espaces d'écriture ? • 12 $ ☐ Le sens (du) commun : histoire, théorie et lecture de la topique • 12 $ ☐ Gaston Miron : un poète dans la cité • 23,50 $ ☐ Robinson, la robinsonnade et le monde des choses • 12 $

Bon de commande

☐ Veuillez m'abonner à *Études françaises* pour l'année _____ .

☐ Veuillez m'expédier les titres cochés.

☐ Paiement ci-joint _____ $
Plus 5 % TPS (non applicable à l'extérieur du Canada).

☐ Chèque   ☐ Visa   ☐ Mastercard

Date d'expiration_____

Signature

Nom

Adresse

Code postal

Revue paraissant trois fois l'an
(printemps, automne, hiver)
Abonnement annuel 2008
Volume 44
Individus

Canada	33 $ CAN
Étudiants (avec photocopie de la carte)	25 $ CAN
Étranger	39 $ US
Institutions	
Canada	70 $ CAN
Étranger	70 $ US

Service d'abonnements :

Fides – Service des abonnements
306, rue Saint-Zotique Est
Montréal, Qc H2S 1L6
Tél. : (514) 745-4290 • Téléc. : (514) 745-4299
Courriel : andres@fides.qc.ca

Pour toute autre information :

Les Presses de l'Université de Montréal
C.P. 6128, succ. Centre-ville
Montréal, Qc H3C 3J7
Tél. : (514) 343-6933 • Téléc. : (514) 343-2232
Courriel : pum@umontreal.ca
www.pum.umontreal.ca

Pour la vente au numéro :

voyez votre libraire.

Dépositaire Europe :

Librairie du Québec
30, rue Gay-Lussac
75005 Paris, France
Tél. : 1.43.54.49.02 • Téléc. : 1.43.54.39.15

GLOBE

REVUE INTERNATIONALE D'ÉTUDES QUÉBÉCOISES
Département des littératures de langue française
Université de Montréal
Case postale 6128, Succursale Centre-ville
Montréal (Québec)
Canada H3C 3J7
courriel : revueglobe@uqam.ca
http//:www.revueglobe.uqam.ca

PRÉSENTE DANS PLUS DE 40 PAYS

| Volume 10 | 2007 | Numéro 1 |

ÉTRANGER ET TERRITORIALTÉ

On peut se procurer la revue en librairie
ou via Internet (**www.revueglobe.uqam.ca**)

Cette revue a été imprimée au Québec en avril 2008
sur du papier entièrement recyclé
sur les presses de Marquis imprimeur.